史说长安

两汉卷

萧正洪　主编

冯瑞　吕卓民　著

西安出版社

图书在版编目（ＣＩＰ）数据

史说长安.两汉卷/吕卓民，冯瑞著. -- 西安：
西安出版社，2018.1（2021.4重印）
ISBN 978-7-5541-2898-5

Ⅰ.①史… Ⅱ.①吕… ②冯… Ⅲ.①西安—地方史
—研究—汉代 Ⅳ.①K294.11

中国版本图书馆CIP数据核字（2018）第013776号

史说长安·两汉卷

SHISHUO CHANG ' AN · LIANGHAN JUAN

主　　编：萧正洪
著　者：吕卓民　冯　瑞
统筹策划：范婷婷
责任编辑：张增兰　邢美芳
责任校对：张忝甜
装帧设计：梅月兰　廖华英
出版发行：西安出版社
地　　址：西安曲江新区雁南五路1868号影视演艺大厦11层
电　　话：（029）85253740
邮政编码：710061
印　　刷：永清县晔盛亚胶印有限公司
开　　本：889mm×1194mm　　1/32
印　　张：8.75
字　　数：158千
版　　次：2018年1月第1版
印　　次：2021年4月第2次印刷
书　　号：978-7-5541-2898-5
定　　价：48.00元

序言

2018年是一个值得纪念的时间。

隋大业十三年（617年）五月，太原留守李渊起兵，七月进军关中，十一月攻占长安。次年五月，李渊代隋称帝，国号唐，改元武德，以长安为都城。这个在中国历史上影响重大的事件，到2018年恰好1400周年。当然，我们还可以由此上溯和下延，去寻找更多的重要的历史时刻。如果阅读史书，我们不难发现，在中国漫长的历史发展过程中，有许许多多杰出的人物、重要的制度和事件，都同长安（西安）有关，而李唐的建立，不过是其中一个事件而已，尽管后来的历史证明，它成了一个新时期的起点。事实上，自3100年前周文王、武王在沣水之畔建立都城丰、镐以来，在关中这个不算太大的地域里，发生过无数类似唐朝建国这样的能够从不同侧面体现文明进步的令人激动的故事。了解这些故事，一定可以令今人有所感悟。我们可以据之从一般意义上认识人类文明发展历程之艰辛曲折，亦能培养对如黄河、长江般源远流长的中国传统文化的特殊情感。

当然，无论以中国还是世界论，能够起到类似的历史与文化认知作用的地方不少。不过，长安还是有其特别之处。细究起来，从西周丰、镐到秦咸阳，汉、隋、唐的长安，再到明、清的西安，斗转星移，波谲云诡，其历程不可谓不曲折，而其文化内涵亦随时代演进而屡有变化，但总体而言，仍是相沿相袭，其因长期积累而形成的历史传统堪称根基深厚而且特色鲜明。中国历史上曾经做过都城或者发生过重要历史事件的地方多矣，但如长安这样传承既久、影响至大的，却也并不多见。

毫无疑问，长安作为历史上最具盛名的都城，其特色鲜明、内涵丰富，世所公认。即便从世界范围看，能够与之媲美的，亦为数不多。古代长安曾经集中了中国文化的精华，或者说，曾经是中华文化的典型代表。无论是其思想内容，还是其表达形式，皆堪称典范。要理解中国的历史及其同世界其他地区文明的关系，特别是解读中国制度文化的历史，离开了长安这座伟大的城市，恐怕很难找到正解。我们完全可以说，在当代中国，地理位置居中的西安，其实是理解中国传统与文化的一把钥匙。同时，长安在唐代以后的衰落，也提供了一个曲折发展历程的样本，其历史经验与教训足令后人沉思：如何适应新时代的挑战，以充满自信地保持自身的光荣与梦想？

这个光荣与梦想并不只是基于物质方面的表现。近代以来，随着社会的变迁，长安文化在许多人看来不过是一种久远的历史存在，光荣与梦想似乎只存在于记忆之中。国人和世界都不会不注意到古代关中的文化遗存。半坡的人面鱼纹彩陶盆、汉唐时代伟大的城垣和宏大的城市格局、博物馆里的金银器、分布于各处的帝王陵墓等等，都是人类极其宝贵的物质文化遗产。这些物质文化遗产当然是非常重要的，因为它代表了不同时代文明进程之中的璀璨与辉煌。不过，若我们仅仅重视这些多少属于外部性的表现，就可能失去对于内涵的准确理解，以至于偏离历史的本质。所以，我们也需要特别地重视长安文化的精神与气质。我们知道，历史上所有伟大的城市之所以千古留名，从根本上说，是因为其体现了某种足以反映时代特征的伟大思想和精神。我们说起长安，就会情不自禁地联想到汉唐气象，这说明长安具有有别于其他古代城市的特殊精神气质。而其空间格局和建筑的样式等等，在某种意义上说，只不过是其思想与精神气质的外在表现，是思想与精神气质的物化。

基于这样的认识，我们应当能够清晰地看到长安以及围绕其所发生的历史所体现出的特定思维方式、行为方式和时代特征。而本丛书，即是以时代为依据，试图从空间与时间两个方面，对长安及其相关的历史予以说明与解释。显然，长安作为历史文化的样本与典范，其意义包含了形而下和形而上，亦即物质与精神两个层面，本丛书的作者努力将这两个层面结合起来。一方面，作者以流畅而生动的语言，讲述了一系列引人入胜的故事；另一方面，揭示了内隐于历史过程之中的精神与文化特征。前者如一幅幅画卷，既有浓墨重彩，亦有意象白描；后者则如静夜之思，往往令人掩卷长息而感慨万千。我们从中能够看到，长安的历史演进所展现出的守正兼和的文化态度、推陈出新的制度性创设、持久的进取心、与时俱进的变革观念、立意高远的思维境界、具有宏大视野的文化包容气度，以及高标格的人文气质与精神，而并不总是萎靡不振和因循守旧，尽管这些特点也是王朝时代文化必然具有的重要属性，亦需要我们在阅读之中予以深刻的反思。

长安的历史进程还有一个重要的特点。正如我在前面已经提及的，它曾经在1000余年中作为王朝的都城而具有显赫的地位。可是，唐代以后，由于中国社会政治和经济的地理格局发生了重大改变，长安的命运由此中衰。在中国历史上，一个重要的城市长期繁荣且是全国的政治、经济、文化中心，甚至具有显著的国际影响力，后来竟然一蹶不振，陷入长期的落后境地，这种变化的轨迹是非常罕见的。明清时期，西安虽然也是西北重镇，但毕竟不同以往了。本丛书的作者也试图就此提出一些可资借鉴的思考。如果说，西安曾经经历了无可奈何花落去的旧日时光，那么今天，在新的时代中，那似曾相识的春燕如何能再次归来？

本丛书是为大众而写，但又基于较为严谨的学术思考。所以，作者们一方面力求语言生动，使作品具有较强的可读性；另一方面试图提出自己对于历史的独特认识，以解释历史发展的规律与社会变革的内在机制。由于各卷的作者思考各有特点，所以，各卷的风格与思考的角度亦颇有个性。这样的特点，似乎也有好处，因为它可以让阅读过程充满变化。在我看来，这倒也同历史过程相合，因为历史本身就是一个多元文化交汇而丰富多彩的进程。

值此《史说长安》丛书付梓之际，写此数语，以代序言。

萧正洪

（中国古都学会会长）

2017年12月20日

目　录

第一章 汉并天下与定都长安

　　楚汉相争，刘邦最终战胜项羽，登上皇帝的宝座，建立了汉朝。他采纳娄敬、张良的建议，定都关中。新都城位于秦咸阳城南的长安乡，故取名为"长安城"。

一、汉并天下

秦始皇三十七年（前210年），秦始皇东巡，死于沙丘（今河北邢台）。少子胡亥在赵高、李斯的扶持下假造诏书，杀死公子扶苏，立为二世皇帝。次年七月，一支征调于中原陈郡各县的戍边队伍途经泗水郡蕲县大泽乡（今安徽宿州东南），因大雨滂沱，河湖涨水，道路泥泞，阻挡了前行的步伐，被困于此。按照秦帝国的法律，戍卒不能按期到达指定的地点，就要处以死刑。规定的日期一天天临近，已不可能如期到达目的地，这种情况在戍卒中引起了极大恐慌。这时，有两个人站了出来，即陈胜和吴广。他们认为，不能按期到达是死罪，中途逃亡也是死罪，形势已经把他们逼上了绝路。与其被处死，还不如举事造反，干一件轰轰烈烈的大事。于是，二人商定，打出秦公子扶苏和楚国大将项燕的旗号，以号召天下。他们利用戍卒的迷信心理，为领导起事造舆论。于是，在陈胜和吴广的精心策划下，反秦起义的烽火首先在大泽乡的戍卒中点燃，并迅速燃遍全国大地，大秦帝国随之土崩瓦解。在群雄纷争中，刘邦和项羽率领的义军，最终成为灭秦的主导力量。

刘邦（前256—前195年），沛县丰邑（今江苏丰县）中阳里人。他出身农家，却不喜欢从事农业生产，整日游手好闲，但为人豁达大度，宽仁而爱人。秦时任沛县泗水亭长，曾为沛县向骊山送役徒，途中不断有人逃走，刘邦估计到不了骊山人就跑得差不多了，索性把剩下的人也都放了，自己也逃亡到芒砀山（今河南永城一带）中隐匿了起来。

陈胜起事后不久，刘邦便集合三千精兵响应起义，攻占沛县等地，称沛公。此时，项梁、项羽叔侄也起兵于东南。陈胜余部秦嘉等人在陈胜兵败后，另立景驹为楚王，驻扎于留（今江苏沛县东南）。刘邦觉得自己兵力不足，难以独立，遂归附于秦嘉。张良也聚集了数百人的队伍，在归附景驹的途中，与刘邦相遇，遂委心从之。秦二世二年（前208年），项梁率军在下邳（今江苏睢宁）杀死秦嘉，刘邦又并入项梁军。在项梁的主导下，又择立楚怀王的孙子熊心为楚王，仍号楚怀王。定陶之战中，项梁为秦将章邯所杀。刘邦、项羽收集残兵，保护楚怀王退保彭城（今江苏徐州）。

章邯乘势向北面攻赵，赵遣使求救。楚怀王决定派出两路兵马，一路北上救赵，一路西进关中，骚扰秦军的后方，以牵制秦军。楚怀王和诸将相约："先入定关中者王之。"此时，秦军势力强大，连败关东诸侯之军，诸将对进军关中颇怀畏惧之心。唯项羽一心要给叔父项梁报仇，愿同刘邦一起西向进攻关中。楚怀王当时还有一个想法，就是颇觉项羽年轻气盛、骄横难制且性格暴虐，所过之地往往杀戮过度，便对其常存有戒心，免其坐大不法。故决定这次出兵以宋义为上将，项羽为次将，范增为末将，互相配合与制约，共同率军北上救赵。楚怀王将进军关中的机会留给了处事相对有宽容之心的刘邦，也是为保全秦地百姓。

　　刘邦迫于兵力有限，采取了避实击虚的战略，尽量避免与秦军主力作战，专攻秦军布防薄弱之处，遂得以顺利西进。秦二世四年（前206年），刘邦北攻昌邑（今山东金乡西北）不下，便引兵西向至高阳（今河南杞县西南），遇高阳人郦食其献策，遂依计攻占了陈留（今河南开封东南），获得秦军大量的粮食和其他军需物资。再自陈留西攻开封（在今河南开封西南），遭到秦军的顽强抵抗，就避开开封，北上进入东郡，与秦将杨熊遭遇于白马津，且战且追至曲遇（今河南中牟），终于打败杨熊军，杨熊退守荥阳，并因战败而被秦政府问罪处死。刘邦围荥阳而不能下，又回头南攻颍川，用张良之计，一举拿下颍川郡治阳翟（今河南禹州），继而西向洛阳进军，以取道函谷关进入关中。但在洛阳东与秦军交战失利，便被迫放弃了由洛阳西去，经新安、渑池一线夺取函谷关从而西进关中的想法，改为迂回南下，攻入南阳郡宛城。随后，刘邦又向西攻克丹水（今河南淅川西），乘胜收编了戚鳃、王陵的军队，再夺胡阳（今河南唐河南），下析（今河南西峡）、郦（今河南南阳北）等县，顺利进至武关附近。刘邦又用张良之计，说服武关守将投降。于是，刘邦的军队顺利进入武关，并长驱而入关中，在蓝田打破秦军的堵截，遂进军至霸上（今陕西西安东），控制了咸阳东出函谷关的道路。

此时的秦王朝也发生了巨大的变化。当章邯投降项羽的消息传到赵高耳中，赵高铤而走险，逼秦二世自缢，假意拥立扶苏之子子婴为王。子婴深知赵高欲自立为王的野心，现在拥立自己，只是赵高认为其自立时机还没有成熟，自己不过是赵高手中的一颗棋子而已。于是子婴和他两个儿子商量，在举行王位登基大典的那一天就推说有病，赵高来探望，子婴借机杀死他，以除后患。

高祖元年（前206年），刘邦率军驻扎在霸上，秦王子婴素车白马、脖子上系着丝带（表示请罪），手里拿着秦皇的玉玺、兵符和节杖，来到轵道亭处请降。刘邦接受了子婴来降。这时，不少将士主张杀死子婴，但刘邦说："怀王派我攻咸阳，就是因为我能宽容待人；

再说，子婴已经降服，杀降也不吉利啊。"说完，他收好玉玺，把子婴交给专门看管的人。

而项羽起兵后风格迥然不同。

项羽（前232—前202年），名籍，字羽，秦末下相（今江苏宿迁）人，楚国名将项燕之孙。秦始皇二十六年（前221年），楚国被秦军攻灭。项羽跟随叔父项梁逃到了栎阳（今陕西西安阎良区东），没过多久，因项梁杀了人，项羽又随之逃到了千里之外的吴中（今江苏南部）。到达吴中后，项羽努力学习兵法，为之后起兵反秦打下了基础。陈胜、吴广在大泽乡打出反秦大旗，项梁、项羽在吴中响应，很快占领了吴中地区。不久，传来陈胜牺牲的消息，项梁便召集各路将领商议继续反秦的大计。此时刘邦也起兵于沛，并参加了这次会议。会上，项梁听从范增的建议，找到了楚怀王的一位在民间牧羊的孙子熊心，立为楚王，仍号楚怀王，以从民望。

秦二世二年（前208年），秦将章邯率军突袭定陶，项梁战死。楚怀王和项羽、刘邦等人率余部退保彭城。接着，章邯引兵攻赵，围赵王歇于巨鹿（今河北平乡西南）。赵国遣使求助于楚。接到赵国告急的消息，楚怀王将主要兵力分为两支，也就是前面所说的由宋义和项羽率领一支北上救赵，由刘邦率领一支西进关中。

宋义率军北上，行至东郡安阳（今山东曹县东）便滞留不前，项羽性急，催宋义进军，宋义以时机不到为由，没有听取项羽的意见。项羽气恼，愤而杀死宋义、宋襄父子，一时威震诸将。杀死宋义，项羽理所当然地接管了楚军的统率权，并接受怀王的任命，成为上将军，领军救赵。项羽在北上渡漳河时，采取了破釜沉舟的做法，即自绝退路，誓与秦军决一死战。结果，与秦军大战九次，终于获胜，消灭了秦军的有生力量，解除了巨鹿之围，并俘获秦军主将王离，杀死秦将苏角。至此，秦军主力损失大半。秦军主帅章邯在巨鹿兵败后被迫投降项羽，秦军在关东地区的优势地位已经丧失，对关东地区的军事威胁也基本解除。此时的项羽，正志得意满，率领数十万大军，浩浩荡荡西进关中。

高祖元年（前206年），刘邦率军攻取关中，进至距离秦都咸阳只有几十里路的霸上，秦王子婴来到轵亭向刘邦投降。入关之前，刘邦曾下了一道命令，要求全军将士，进驻咸阳城，必须军纪严明，不得滋事扰民，违令者斩！义军在进入咸阳城之初，皆能遵守纪律，且四处安民，不让老百姓受惊，不打扰老百姓的生活，基本做到了秋毫无犯。城内各种店铺照常开张，人心安定。然而，在打开秦宫之后，宫中山积的金银财宝和后宫众多的花样美女，勾起了将士的贪欲，他们严守纪律的心理防线很快就崩溃了。

但总会有一些精英人物，他们做的都是一些庸人无法想象的事情。如萧何、张良、樊哙、夏侯婴等人，他们在进入咸阳宫后，首先想到达的地方是秦朝的丞相府。在这里，他们把有关人口户籍、地图等文书档案资料都收集并保管起来。

而刘邦本人呢，几日未曾露面料理军政事务，大家均知其为人与嗜好，料他肯定在秦宫里享受安乐。于是樊哙等人找到他，对他说："沛公要打天下，还是要当个富翁呀？这些奢华的东西使秦朝灭亡，您还要这些干什么？还是赶快回到军营去吧！如果你也住在这里，天下人肯定会认为你跟秦始皇一样的。"刘邦狡辩道："我只是想休息一下。"恰巧张良也来了，他听了樊哙的问话，也问刘邦道："你和项羽的兵力比较如何？"刘邦感到奇怪，回答说："我军十万，项羽的军队有四十万，这还用问！"张良说："项羽手下的军队岂止四十万，还有降兵二十万，另外各路诸侯的人马也有几十万吧？沛公一进入咸阳就住进秦宫，我军十万占据着咸阳城，这不是明明白白告知天下你已称王关中，那项羽岂肯善罢甘休！他的几十万人马西进关中，你将采取什么应对措施？我们能抵挡得住吗？你本为天下除了大害，可你一进咸阳就享受安乐，这种做法，与秦相比，有什么不同呢？希望沛公能听樊将军的建议。"听了张良一席话，刘邦醒悟过来，立刻吩咐将士封藏府库，率军回到霸上驻扎。

次日，萧何又来见刘邦，对他说："沛公真是从善如流，这么快就回到霸上驻扎，令天下人刮目相看！但如今天下百姓仍受酷秦苛法的束缚，生活在水深火热之中。主上若能昭告天下百姓，颁行新法，以取代令百姓畏惧的秦法，让老百姓感到宽松与安宁，那么，天下百姓就会感恩戴德，诚服于主上。如此，主上不仅可得天下，还可致天下太平。主上你看如何？"接着萧何又说："既然沛公已经进入关中，取得关中的民心很重要，这就需要为关中老百姓做点实事，他们在暴秦统治下深受其苦，热切盼望的就是仁君的统治。"刘邦觉得颇有道理，就马上把咸阳附近各县的父老召集在一起，对他们说："你们被秦朝的苛法害苦了。今天，我与诸位父老约定三条法令：一是杀人者偿命；二是伤人者抵罪；三是偷盗者治罪。除了这三条，其他的秦法、律令，一概废除。从此，父老百姓尽可安居乐业。"同时，刘邦还让各县父老回去宣传这三条法令。关中百姓听到刘邦的这三条法令，非常高兴，抢着担来酒肉和粮食，慰劳刘邦的军队，刘邦则婉言拒绝，并劝他们把东西带回去。他对老百姓说："我们已经得到了粮仓里的粮食，就不需你们再破费了。"如此，刘邦在关中大得人心，在后来的楚汉战争中，关中地区成为汉军可靠的后方基地，保障了战争所需人力物力的有效供给，为刘邦最终战胜项羽奠定了重要的物质基础。

同时，刘邦还做了一件事，就是派出一支部队去驻守函谷关，以控制进入关中的东大门。也正是这一点，给了项羽兴师问罪的口实。

　　项羽在巨鹿之战中大破秦军，使秦军在关东地区的主力损失无遗之后，便率领四十万精锐进入关中，驻扎在戏水之西的鸿门。在项羽势力的强大压力之下，刘邦的部下左司马曹无伤便想早点投靠项羽。他密遣使者来到项羽驻地，告知项羽说刘邦有"王关中"的野心，想在项羽面前给自己捞点立功受奖的资本。项羽的谋士范增通过对刘邦入关之后的一系列表现进行观察，认为"其志不小"，必将成为项羽最强劲的竞争对手，也建议项羽尽快发起进攻，以消灭刘邦势力。于是，项羽决定第二天就向刘邦军队的驻地发起攻击。

　　在这个节骨眼上，却泄露了军事机密。项伯与张良是好朋友，他连夜跑到刘邦的行营去找张良，要张良马上离开，不要陪着刘邦送死。张良认为自己受韩王之命追随刘邦到如今，在将要发生重大问题之际，自己不辞而别，就太无情无义了。于是，他拉上项伯一块去见刘邦，并以实情相告。刘邦大惊，不知如何是好。但刘邦是个极其聪明的人，他听从张良的意见，先设宴招待项伯，并与项伯约为儿女亲家。在与项伯进行了感情联络之后，便让项伯在项羽面前给自己说情。他解释说："我是入关在前，但并没有动用关中的任何东西，只是对官吏和老百姓的人口数字进行了统计，咸阳府库中的财宝珍货皆封存无缺，之所以这样，就是在等待项羽将军的到来。至于派兵遣将驻守函谷关，是为了防备其他诸侯之兵进入和不测事件的发生。我白天黑夜都在盼望着项将军快点到来，怎么敢有非分之心呢？"项伯听信了刘邦之言，并告诫刘邦务必在次日前往项羽营寨，亲自向项羽说明情况。

项伯返回军营，先向项羽说明了刘邦方面的情况，并劝项羽要善待刘邦。他说了一句很关键的话："今人有大功而击之，是一件不吉祥的事情！"

第二天一大早，刘邦带着百余名扈从来到鸿门拜谒项羽，并向项羽解释说："我与将军多年来一直合力抗秦，将军在河北地区与秦军战斗，我在河南地区与秦军战斗，可能运气好一些，就先进入了关中。秦已灭亡，我与将军相会于此，不幸有小人造谣生事，让我和将军之间产生了误会。"刘邦的一番话还真打动了项羽，项羽对刘邦说："就是因为听了曹无伤的话，否则，怎么会产生这种情况呢？"接着项羽吩咐准备酒肉招待刘邦。席间，范增多次给项羽使眼色，催促项羽动手，而项羽故意视而不见。范增看出项羽犹豫了，就出门找来项庄，吩咐项庄以给宴会助兴的名义舞剑，伺机杀死刘邦。项庄拔剑而舞，刘邦命悬一线，在这危急时刻，项伯也看出了其中的端倪，就出来与项庄共舞，且特别注意用自己的身子遮挡住刘邦，使项庄的图谋无法得逞。张良见此情景，也坐不住了，急忙找来樊哙救驾。樊哙快步直入宴会厅，显出一副怒气冲天的样子。项羽颇欣赏像樊哙这样的壮士，就赏赐给他一壶酒和一块生猪肉。樊哙把酒一饮而尽，又拔剑切食生猪肉，且一边食肉一边指责项羽说："沛公先攻取了咸阳，但仍驻军在霸上，就是等待大王的到来。而大王听信小人之言，将不利于沛公，臣恐怕天下人都不会理解你的作为。"此言一出，倒说得项羽无话了。这时，刘邦说想去厕所方便，便和樊哙一起出去了。机不可失，时不再来，这是脱离危险的好机会。于是，刘邦在樊哙等人的陪同下，悄悄地抄近道回霸上军营去了，而让张良留下以应对后面的事情。张良估计刘邦等人已经走远，才再次回到宴会厅。项羽问："沛公在什么地方？"张良回答说："沛公因为受到将军的责备，没敢当面辞谢，就先回去了，委托臣把献给将军的礼物——玉璧奉上。"同时还送给范增一双玉斗。范增十分恼怒，不仅不接受玉斗，还将其摔了。最后，范增还撂了一句狠话："今后，夺项王天下的人一定是沛公，届时，我们都将成为沛公的俘虏！"

这就是历史上著名的鸿门宴。

鸿门宴后，项羽带兵进入咸阳，将秦宫财宝掠夺一空，杀了本已投降的秦王子婴，然后纵火焚烧秦宫，大火持续燃烧了三个多月。一代名都，可怜焦土。汉高祖元年（前206年），由项羽主导进行了秦亡后胜利成果的再分配，即采取分封裂地的方法，把全国的土地分给了灭秦战争中有功的各路英雄。项羽自封为"西楚霸王"，定都彭城，再论功行赏，分封了18个诸侯王。为压制刘邦，项羽以巴蜀之地也属关中为名，把道路险阻的汉中与巴蜀分封给刘邦，名为"汉王"。而关中和陕北之地，项羽则分封给了原秦军的3名降将：以章邯为雍王，王咸阳以西之地，都废丘（今陕西兴平东南）；以司马欣为塞王，王咸阳以东，至黄河为界，都栎阳（今陕西西安临潼区北，阎良区）；以董翳为翟王，王上郡，即关中以北地区，都高奴（今陕西延安）。统称三秦，以遏制刘邦势力的北上。

刘邦被项羽封为汉王，在心中愤懑又无可奈何的情况下，引军南走子午谷，进入汉中盆地，再抵汉中。到汉中后，刘邦听从张良的建议，烧毁所有关中与汉中的栈道交通，以示绝无东归之意。如此，既可消除项羽的猜忌，也可防备他军事势力侵入，这就可为刘邦在汉中蓄积力量、东山再起准备条件。

这时，一个叫韩信的人登上了历史舞台。韩信本是淮阴人，先在项羽麾下效力，因不受重用，便在刘邦率队前往汉中之时，投靠了刘邦。刘邦初时也不知韩信才能何如，只让韩信当了个治粟都尉，掌管军需粮饷事务。韩信仍然认为自己才非所用，便决定离开汉王，于是就找个机会逃走了。在汉王营中，和韩信交往交流比较多的是萧何，萧何十分钦佩韩信的才能，在得知他逃走的消息后，便连夜快马加鞭去追赶，终于在截贤岭追上了韩信。这回萧何把韩信隆重地推荐于汉王刘邦，并说要想与项羽争夺关东地区，韩信是个不可多得的人才，建议汉王授予韩信大将职位。刘邦听从了他的建议，并择日设坛，以隆重的仪式拜韩信为大将。

韩信是秦汉之际最有名的将才。刘邦有了韩信的辅助之后，便积极筹谋出兵关东的大计。此时的关东诸侯，由于项羽废除和杀死了义帝，正滋长着不满情绪，甚至已在暗地里蠢蠢欲动。不久，越来越多的关东诸侯卷入叛乱之中。项羽为了平息诸侯之乱，正马不停蹄地东征西讨。就在项羽无暇西顾之时，汉军也做好了进攻关中的准备。韩信先派樊哙、周勃二将率领老弱病残1万余人开进褒河谷口，修复被毁的褒斜栈道，用以迷惑项羽和其他诸侯。而他自己则统领10万精兵，悄悄绕过褒水，从勉县林口子间道北上，偷偷越过陈仓（今陕西宝鸡陈仓区），进入关中。章邯率雍军抵抗，一败于陈仓，又败于好畤，一直败退到废丘，守城自保。汉军则是旗开得胜，顺利进至咸阳城下，并夺得咸阳城。章邯在废丘据城固守，韩信则采取引水灌城之法，使废丘不攻而破，章邯自杀身亡。

这就是历史上著名的"明修栈道，暗度陈仓"的故事。

随后，汉军又向司马欣和董翳所部发起了进攻，二者均相继为汉军所败，关中又回到了刘邦的手中。至此，刘邦迈出了与项羽争夺天下最成功的一步。

平定三秦后，刘邦率军东出函谷关，进入关东地区。汉高祖二年（前205年），刘邦以义帝为天下共立之主，项羽杀义帝，是为大逆不道，天下之贼也。遂打出了为天下讨贼的旗号，一路向东，汇合了河东、河内、河南等地的诸侯军队数十万人讨伐彭城。此时项羽正挥军征齐，不承想彭城被刘邦趁机占领。于是，项羽回军救彭城，他率3万精兵越过鲁地，经胡陵（在今江苏沛县龙固镇东北）至于萧（今安徽萧县西北），向汉军发起进攻，在灵璧东面的睢水之上，打得刘邦溃不成军，汉军死伤惨重，尸体堆积，竟使睢水为之不流。刘邦狼狈逃回荥阳，妻子吕雉和父亲也被项羽抓去当了人质。此时，韩信率兵赶到，才阻止了项羽军队的西进。汉军兵败，诸侯借机逃去，塞王司马欣、翟王董翳又降于楚。

刘邦在荥阳收集残部，又有萧何从关中送来的补充兵员和军需粮饷，得以重整旗鼓。汉高祖三年（前204年）九月，刘邦派遣韩信、曹参与灌婴率军取得攻魏的胜利，俘虏魏王豹，得魏地，因置河东、太原、上党三郡。十月，韩信、张耳北上略赵地，又取得了井陉（今河北井陉北）之战的胜利，俘赵王歇，得赵地，因置常山、代郡。此时，刘邦已控制了河东和河北的大部分地区。汉高祖四年（前203年），韩信在潍水之战中大败楚军，杀楚大将龙且，获齐王田广，尽收齐地。于是，齐鲁大地也尽归于汉。这样的形势，已对项羽所都彭城造成了巨大威胁。

汉高帝三年（前204年）四月，汉王刘邦曾借灭魏平赵据有河东、河北大片土地之际，提出休战和解建议，项王不许。但此时的形势已向不利于项羽的方面转化，楚军正出现粮草不继的问题，又有来自韩信军队频繁骚扰的压力，迫于形势，项羽只得同意休战。于是楚汉相约，中分天下，即以荥阳与鸿沟为界，西归汉，东属楚。

楚汉中分天下之约签订，楚归太公、吕后等人质于汉，项羽领兵东归，汉王刘邦也准备西返长安之际，张良、陈平提出建议说："目前，汉已拥有全国土地的一半以上，各路诸侯也归心于汉，而项羽的军队已经力疲粮尽，这正是上天让他灭亡之时。如果不在其力量削弱之时消灭他，日后肯定有养虎遗患之忧。"刘邦听从张良、陈平的意见，遂趁机向楚军发起攻击，并约韩信、彭越等将与之配合，期会于固陵（今河南太康南），消灭楚军。然汉军追楚军于固陵，韩信和彭越的军队皆不至。结果，汉军与楚军战于固陵，汉军大败。这时刘邦听从张良计策，派人与韩信、彭越约定共享天

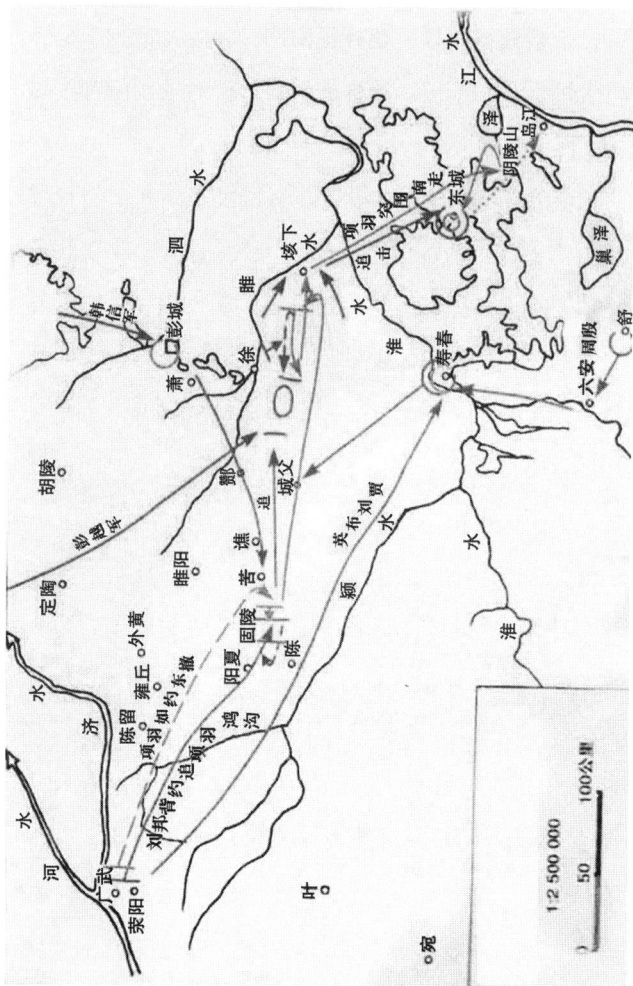

楚汉垓下会战经过图

下，韩信、彭越之兵遂如期而至。追楚军直至垓下（今安徽灵璧东南），并对楚军形成了合围之势。

楚军至垓下时，形势已很危急：士卒越来越少，粮食已近断炊，又被汉军与诸侯军围了数层，既不能进，又无处可退，确实已经到了山穷水尽的地步。这时，汉军阵营又用上了攻心之术，一到夜晚，就在各路军中教唱楚地民歌。晚间巡营，当项羽听到四周汉营中响起的楚歌，不禁大惊失色，难道楚地都被汉军占领了，不然为何汉军中有这么多楚人呢？他决定突围出去。项羽先在军帐中点燃了巨大的蜡烛，然后由其宠妃虞姬陪着喝酒。酒酣，项羽慷慨悲歌，其歌曰："力拔山兮气盖世，时不利兮骓不逝。骓不逝兮可奈何，虞兮虞兮奈若何。"唱了一遍又一遍，虞姬也同他一起唱。唱得项羽泪流满面，身边的侍卫也都哭了，谁也不敢抬头看项羽了。

唱罢歌，项羽跨上战马，部下壮士800多人骑马跟随，当晚从南面突出汉军重围。汉将灌婴率领5000骑兵随后追击。项羽渡过淮河，追随的骑兵只有100多人了。项羽走到阴陵时迷失了道路，向一农夫问路，遂误入一片低洼地，几被汉军追上。项羽又引兵向东走，到东城时，从者只剩下28个人了，而追击的汉军骑兵有几千人。项羽估计自己这次无法轻易逃脱，于是把他的随从分为4队，朝着4个方向突围，并约定在山的东面分3处集合。项羽大声呼喊着向下直冲，乘汉军溃败逃散，斩杀一员大将。这时赤泉侯杨喜率骑兵挡住了项羽的去路，项羽瞪眼并大喝一声，赤泉侯杨喜吓得连忙倒退了好几里。等项羽与其他突围的随从会合时，二十八骑仅损失了两人，而斩汉将、都尉各一员，杀死汉军100多人。项羽对其从者说："我起兵至今八年了，身经七十余战，一直所向披靡，未曾失败过，遂霸有天下。今天到了穷途末路的地步，是天将亡我，并不是我没有打好仗的结果。"这句话表明，项羽到最后也没有醒悟自己失败的原因。

项羽逃至乌江边。乌江的亭长撑船靠岸等待项羽，他对项羽说："江东虽小，也还有方圆千里的土地，几十万的民众，也足够称王了。请大王急速过江。现在唯我有船，汉军即使追到这里，也没有船只可渡。"项羽笑道："上天要亡我，我还渡江干什么？况且我当初带领江东的八千子弟渡江而西，现在无一人生还，即使江东的父老爱我并拥戴我为王，我有什么脸面见他们呢？就是他们不怨我，我自己难道就不觉得内心有愧吗？"他又对乌江亭长说："我知道您是忠厚长者，我骑这匹马五年了，所向无敌，曾日行千里，我不忍心杀掉它，就把它送给你吧！"于是这一位"一声叱咤，千人皆废"的少年英雄，竟拔剑自刎了。

无疑，汉王刘邦最终成为楚汉战争的胜利者，并赢得了天下。

二、定都长安

项羽夺取天下时，也曾有人建议他建都关中，但他认为，富贵后不归故乡，犹如穿着锦缎衣服在夜间行走，没有人看得清楚，就自封为"西楚霸王"，定都彭城，引兵东归了。反将关中之地分封给三位秦朝降将，用以阻遏封在巴蜀之地的汉王刘邦，最终事与愿违。

楚汉相争，刘邦最终战胜项羽，登上皇帝的宝座，建立了汉朝。当时刘邦登帝位、上尊号于汜水之阳，即在今山东曹县北。而刘邦集团的重要人物，包括文臣武将也多是关东人，故刘邦最初选择洛阳作为建都之地。就在刘邦定都洛阳大约半年之际，一位叫娄敬的从军戍卒正从山东走向戍守之地——陇西，在经过洛阳时，他求见刘邦，并向刘邦重点谈了他对新朝建都的看法。

娄敬先问刘邦："陛下建都洛阳,是想和周王朝比隆盛吗?"刘邦回答说:"正是。"娄敬又说:"陛下取得天下与周不同,周之立国,积德累善十余世,太公自豳迁居于岐,国人追随,莫不争先恐后;武王伐纣,诸侯一呼百应,会师于孟津之上者八百多诸侯;成王继位,营建成周并移都洛阳,乃以这里为天下之中,诸侯四方纳贡,远近就差别不大了。但这个地方是以德治国的王都,若德行不够,就不是优选的都城了。今陛下起自布衣,出入关中,略定三秦,与项羽数年征战于关东,大小战事百起,使天下人肝脑涂地、尸骨暴野者不可胜数,也不知有多少人还生活在巨大的悲哀与伤痛之中。如此种种,怎么可与西周的成康之世相比呢?"这是为定都关中地区所做的铺垫,娄敬进而说:"关中之地,被山带河,四塞以为固,突然有紧急情况发生,可马上动员起百万民众。继承战国秦时的固有基础,利用关中美丽富饶的土地,这就是天府之国呀。陛下能入关而建都于关中,即使山东地区出现战乱,战国时秦的立国之地还可据而有之。就像两人相斗一样,你不抓住对方的要害,就不能保证获胜。今天,陛下能入关并建都关中,拥有战国秦时的固有国土,这就是掌握住了天下的要害呀!"

刘邦听了娄敬的建议，还有点犹豫不决，就去问张良。张良很支持娄敬的意见，他说："洛阳地方不过数百里，田地贫瘠，四面受敌，而关中则东有崤函之险，西面有陇坂之阻，中间是千里沃野；南可运来巴蜀地区的富饶物产，北面又有戎狄部落的畜牧资源。北面、西面和南面都有险要可守，唯独东面可顺流而下以控制诸侯，同时又有河渭漕运供给京师。故关中可谓是金城千里，天府之国啊。"听了张良一席话，刘邦便拿定了主意，当天就部署西都关中的事宜。

　　决策果断，行事果断，是刘邦的一贯作风，也在某种程度上对他成就大事起到了一定作用。没有一天的迟疑，刘邦就带领着筹建不久的西汉政权的整个政府班子，西迁到了关中，先暂时居住在栎阳城。因为此时的关中在秦末战争中遭受了极大的破坏，原来庞大而又美丽壮观的咸阳城已被项羽焚毁殆尽，留下的是满目残垣断壁和遍地破碎瓦砾。于是，西汉政府的决策者们便选择渭河南岸秦兴乐宫和信宫的位置，作为修建新都城的基础，并以之为核心，开始了新都的规划与建设。首先在秦兴乐宫的基础上兴修了长乐宫，移都于此。由于新都城位于秦咸阳城南的长安乡，故名新都为"长安"。西汉王朝建都长安之举就此尘埃落定。

　　娄敬、张良给予刘邦建都关中的建议，反映了娄敬、张良等人的远见卓识及独到的政治眼光。建都关中不仅给予西汉政权的建立与巩固以巨大影响，也对中国的历史发展产生巨大影响。长安作为国都，它上承周秦，下启隋唐，成为中国历史上建都朝代最多、建都时间最长的都城，而西汉建立时的都城选择无疑起了十分关键且重要的作用。

第二章　汉长安城的兴建与发展演变

　　西汉长安城，前后经历了高祖、惠帝、武帝三个时期的建设。汉高祖时期，主要修建了长乐宫、未央宫和武库等。惠帝时期主要修筑了四面城墙。武帝时期又扩建了北宫、桂宫、明光宫、建章宫等宫室建筑，开凿了昆明池等。汉长安城在今西安市西北部未央区境内，是一处大型的都城遗址，留下了极为丰富的物质文化遗存。

一、汉长安城的建设与发展

　　西汉政权建立后，定都于何处，是刘邦及其朝臣所面临的一个重大问题。由于当时的关中经过连年战乱，已是满目疮痍，咸阳城在项羽一把火后毁坏无余，意味着它作为都城已没有什么可以继承的了。加之刘邦集团的主要将领和谋臣基本上都是关东人，故他们原打算建都洛阳，而且已在洛阳定都了半年时间。后来，刘邦听从娄敬和张良的建议，才迁都到关中。西汉朝臣初入关中时，只能先寄居在栎阳，重建新都便成了摆在西汉君臣面前的一项首要任务。

　　西汉统治者把新都地址定在渭河南岸、与咸阳城大致隔河相对的一个名为"长安"的乡聚处。这里属于秦咸阳城的渭南部分，曾经有秦兴修的兴乐宫、信宫、甘泉宫、章台等宫殿建筑。还有秦正在兴修尚未完工的阿房宫，而阿房宫则是秦准备取代渭北的咸阳宫而兴建的朝宫。一旦阿房宫修建完工，秦就会将政治中心移到渭南。因为渭南地域更加开阔，更适合于都城的规划与发展。关于这一点，司马迁在《史记·秦始皇本纪》中有很清楚的叙述，他说："于是始皇以为咸阳人多，先王之宫廷小，吾闻周文王都丰，武王都镐，丰镐之间，帝王之都也。乃营作朝宫渭南上林苑中。先作前殿阿房，东西五百步，南北五十丈，上可以坐万人，下可以建五丈旗。周驰为阁道，自殿下直抵南山。表南山之巅以为阙。为复道，自阿房渡渭，属之咸阳，以象天极阁道绝汉抵营室也。"这里是说，在秦始皇时，决定把咸阳城拓展到渭河以南。而《三辅黄图》则说："阿房宫，亦曰阿城。惠文王造，宫未成而亡。始皇广其宫，规恢三百余里。"如这一条记载无误，则阿房宫肇造于秦惠文王时。惠文王是始皇帝的高祖，他于公元前337年继承秦公之位。由于他在位期间取得了一系列对外战争的胜利，如取得魏之河西地与上郡、南并巴蜀等。随着秦国国力的增强与地位的上升，惠文王便想与关东诸国平起平坐，也正式自称为"王"了。与其称王的野心相应，他想在都城建设上有所作为也就不难理解了。

《三辅黄图》又说：咸阳城是"渭水贯都，以象天汉，横桥南渡，以法牵牛"。即秦咸阳城是以"法天象地"的思想理念来设计的。其中很明确的一点是，秦咸阳城是横跨渭河南北两岸的，由横桥把南、北连在一起。也就是说，渭南渭北的宫室建筑同属于咸阳。项羽入关后，放火烧毁了秦都咸阳的一切宫室建筑，由于渭河北岸的宫室建筑密度更大，故其焚毁也最严重。火焚之余，唯见残垣断壁与瓦砾灰烬。而渭河南岸的宫室建筑密度相应小一些，其焚毁的程度也相应稍轻一点。兴乐宫、信宫、甘泉宫（南宫）、章台等宫殿楼阁的残存程度似乎比渭北宫室也好一些，阿房宫尚未建成，烧它没意义。于是，西汉统治者就选择在渭河南岸的秦宫基础上兴建新都，因其地处长安乡地域范围内，"长安"又有长治久安之寓意，既美好又吉祥，故都城取名"长安"。司马迁在《史记》中说"长安，故咸阳也"，就已经很明确地说明了汉长安城与秦咸阳的关系。

汉在渭南以秦宫故基兴建长安城，并规划长安城的发展，在位置选择上明显优于咸阳城。平坦而开阔的地貌条件，使长安城的建设更方便、发展更具潜力。这些为汉长安城最终成为一代名城和国际化大都市奠定了重要基础。

长安城位置选好之后，首先以秦兴乐宫故基兴复宫室。兴乐宫修好后改名"长乐宫"，西汉政府随之从栎阳迁到长安。经考古勘查，长乐宫四面墙垣的周长为10760米，面积6平方千米，占汉长安面积的六分之一。宫内共有前殿、宣德殿等14座宫殿。其中，前殿最为宏伟高大，殿基东西宽约50丈，南北进深约12丈。西汉政府从栎阳迁都长安后，这里就作为汉王朝的朝宫，高祖刘邦就在这里会见朝臣和处理朝政。

高祖七年（前200年），丞相萧何又主持在长乐宫之西修建规模更加宏伟壮观的未央宫。当时，刘邦正率军讨伐反叛的韩王信。当他平息了韩王信的叛乱回到长安，看到正在营建的未央宫如此豪华，不禁生气地责问萧何："天下纷纷扰扰，辛辛苦苦征战了多年，最终胜负还不能确定，有什么理由兴修奢华过度的宫室呢？"萧何答曰："天下至今还没有获得安定，因此才要兴建宫室以示人望。再说天子以天下为家，如果没有宏伟壮丽的宫室则难以体现帝王的权力和威严，而且建成的宫室也要让后世难以超过。"萧何将帝王宫室与天子的权威和影响联系起来，让刘邦听了很高兴。

据《三辅黄图》记载，"未央宫周回二十八里，前殿东西五十丈，深十五丈，高三十五丈"，而且是"营未央宫因龙首山以制前殿"，因此更加突出了前殿的高大，并成为当时长安城最雄伟壮观的建筑。除前殿之外，未央宫兴修的其他殿阁有宣室、金华、承明、武台、钩弋、万岁、广明等30余座。据考古勘查，未央宫城垣的周长为8 800米，面积约5平方千米，占全城总面积的七分之一。未央宫建成后，就取代长乐宫成为西汉的政治中心。自汉惠帝以后，西汉历朝皇帝几乎都有在这里主持朝政，重大的朝会也都是在此举行。为适应关中气候，未央宫中还修建了两座比较特殊的宫殿，即温室殿和清凉殿。温室殿是冬天避寒的暖殿，殿内用椒泥涂抹墙壁，墙上再装饰纹绣的壁毯，地上铺毛织地毯，还摆设着火齐石制作的屏风，垂挂着鸿雁羽毛制成的帐幔，整个屋子几乎被毛织物包裹起来，形成很好的保温效果。与温室殿作用相反的清凉殿，又名"延清室"，其内陈设以玉石之类的清凉之物为主，如以画石为床、紫琉璃为帐等，给人一种清凉的感觉，可供天气炎热时避暑。实际上就是利用一切技术手段和材料，为皇室成员提供尽可能舒适的生活环境。

未央宫中还有两座专门藏书的建筑。一是石渠阁，内藏萧何从秦宫中收集的秦代旧藏图籍档案；一是天禄阁，主要存放国家的文史档案和图书典籍，是西汉时代的国家图书馆。但石渠阁与天禄阁均建在未央宫中，反映了时代的局限性，即保守性与封闭性。如果是放在宫墙之外的大街上，就不同凡响了。

政治中心迁至未央宫后，长乐宫便演变成为皇太后与太子常居的地方。

汉惠帝时开始修建长安的4面城墙。为了不影响农时，汉惠帝利用农闲时间，分3次征调长安附近600里内的男女及诸侯王与列侯徒隶修建城墙。据《三辅黄图》记载：城墙高三丈五尺，下宽一丈五尺，上宽九尺，周回六十五里（约合今26千米）。而据考古实测，汉长安城周长25700米，大致与文献记载相合。城墙每个方向各有3座城门，共计12座城门，每座城门开3个门洞，与城内大街分开的3条道路相连接。由于城墙建于长乐、未央二宫修成之后，需要包二宫于其中，北面靠近渭水，又受渭水流向的影响，因此城墙的走向就受到一些条件的限制，除东城墙为直线外，南、西、北都有多处曲折，西北角向东北角斜行。这种不规则的方形，南呈南斗形，北呈北斗状，因而被称之为"斗城"。

汉武帝时，又在未央宫的北面兴修了北宫和桂宫，以供宫掖中越来越多的嫔妃居住；在长乐宫的北面修建了明光宫，城中的主要宫室大致具备。虽然北宫、桂宫、明光宫规模都不是很大，但建筑设施与装潢都非常考究。如《三秦记》说桂宫"中有明光殿，皆金玉珠玑为帘箔，缀明月珠，金砌玉阶，昼夜光明"；《三辅黄图》说北宫"中有前殿，广五十步，珠帘玉户如桂宫"。

汉武帝时期，还兴建了一座大型宫殿，这就是建章宫。因为长安城内已没有合适的地段，故建章宫就修建在了长安城西侧的城墙外面。建章宫修建时虽打着仿照未央宫的幌子，但其总体规模已超出未央宫许多。就其平面规模而言，建章宫周回三十里，超出未央宫的周回二十八里，故当时的长安城确实已容纳不下。建章宫的前殿高度也比未央宫高，因而登临其上，可"下视未央"。宫中建筑也比未央宫数量更多，可知的就有骀荡、馺娑、枍诣、天梁、奇宝、鼓簧、玉堂、疏圃、鸣銮、奇华、承光、铜柱、函德、井干、神明台等一大批殿阁楼台与亭观池榭。因宫内各种建筑众多，故称"千门万户"。在建章宫与未央宫之间，还架起了一座飞桥，作为跨越城墙连接二宫的通道。《三辅黄图》说："于宫（未央宫）西跨城池作飞阁，通建章宫，构辇道以上下。"这座飞桥当是中国历史上最早的高架桥。

至此，长安城的宫室建筑大备。

闾里是长安城中王侯贵族和普通百姓居住的地方。据《三辅黄图》记载，长安城中有闾里160处，布局严整，井井有条。布局遵循"仕者近宫，工贾近市"的原则。里是封闭式管理，各里都筑有围墙，墙上开辟有里门，由监门负责看守。里的规模不一，多则百户人家，少则三四十户。每里设一里正，负责管理闾里的各项事务。一般住户不得直接对街开门，出入必由里门，而且出入里门必须下车。权贵所居府第，多布置在城中或南邻宫殿地段，府第可直接临大道开门，显示出与普通百姓的区别。

闾里大约占了全城三分之一的地方。已知的闾里有尚冠里、戚里、修成里、大昌里、宣明里、敬上里、建阳里、南平里等30多个。《三辅黄图》亦说长安城的里居是"室居栉比，门巷修直"，据此亦可见闾里之一斑。

西汉经济的发展,直接促进了长安城商业的繁荣。汉代长安的商业活动,主要集中在9个市场中。《三辅黄图》引《庙记》说:"长安市有九,各方二百六十六步。六市在道西,三市在道东。凡四里为一市。"这九市分别是:东市、西市、南市、北市、柳市、直市、交门市、孝里市、交道亭市。其中,东市、西市、南市、北市、孝里市等五市位于长安城内,而柳市、直市、交门市、交道亭市则分布在城外。各市皆有围墙,设市门。市场由市令管理,市令办公的地方叫"市亭"或"旗亭"。《西京杂记》说:"旗亭五重,俯察百隧。"这是一种管理市场的方法,即站在高达5层的旗亭之上,俯视市场的各个角落,起到监督市场的作用。当时长安城的市场贸易如何?张衡《西京赋》说:"廓开九市,通阛带阓。……瑰货方至,鸟集鳞萃。鬻者兼赢,求者不匮。"可见市场还是很繁荣的,凡有需求,都能得到满足。而商人则利用市场逐利,成为"农不如工,工不如商"的最大食利阶层。班固《西都赋》说:"九市开场,货别隧分;人不得顾,车不得旋;阗城溢郭,傍流百缠;红尘四合,烟云相连。"一派热闹繁忙的市场景象,跃然纸上。

长安九市之中,东市规模最大,贸易活动最活跃,市场地位也最高。东市位于汉长安城西北部,横门大街以东。汉景帝时,爆发了七国之乱,晁错被斩于东市,就是因为东市是人群最密集的地方，可以起到示众作用。西市的地位稍逊于东市，规模也没有东市大。西市位于汉长安城西北部，横门大街以西。近年的考古调查与发掘中，在东、西市遗址出土了一批陶器，还有五铢钱等文物。

此外，汉代还营建了皇家园林——上林苑。

上林苑是西汉王朝的皇家园林，也是汉长安城最重要的配套工程。它是为皇室成员提供游猎、休憩、观赏、娱乐的场所。上林苑的范围很大，《汉书》说："武帝建元三年开上林苑，东南至蓝田、宜春、鼎湖、御宿、昆吾，旁南山而西，至长杨、五柞，北绕黄山，濒渭水而东。周袤三百里。"其范围大致为东括今蓝田，西尽周至，南有秦岭北麓，北至渭水的一片广阔区域。《三辅黄图》又记，上林苑中有"离宫观七十所，皆容千乘万骑"。这些离宫一般都建在风景优美的地方，如宜春宫就建在临近曲江池处。汉武帝多次游幸于此。其中有一次司马相如随行，住宿于宜春宫。司马相如触景生情，写下的《哀二世赋》云："登陂陀之长阪兮，坌入曾宫之嵯峨。临曲江之隑洲兮，望南山之参差。"就表现了亲临宜春宫及其远景。

上林苑堪称一座大型植物园。上林苑地域辽阔，地形复杂，天然植被本来就很丰富，加之人工移植、栽培，就更多样化了。据《西京杂记》记载，在上林苑兴建之初，全国各地争献名草异木，由上林令登记的进献草木就有2000余种。其中有10个品种的梨，各7个品种的枣、梅，10个品种的桃，15个品种的李，各3个品种的柰、查、椑、桐，4个品种的棠，2个品种的杏，以及林檎、枇杷、安石榴、白银树、黄银树、千年树、万年树，等等。

上林苑也堪称一座大型动物园。《长安志》记载：上林苑内豢养百兽，放逐各处，"天子秋冬射猎苑中，取禽无数"。里面还有鹿馆、虎圈、象观、走狗观、走马观等。茂陵巨富袁广汉因犯罪，家被查抄，他的私家园林中养殖的多种珍贵鸟兽全部被投入上林苑中。因此，上林苑中既有众多的一般动物，也有不少珍禽异兽，如来自四夷的贡献之物，像大宛马、条支之鸟、九真之麟等。

上林苑中河流很多，有名的长安八水就流贯其中。司马相如的《上林赋》说得最清楚："独不闻天子之上林乎？……终始灞浐，出入泾渭，沣滈潦潏，纡馀委蛇，经营乎其内。荡荡乎八川分流，相背而异态。"这几条河流为上林苑提供了丰富的水源。苑中池沼也不少，据《三辅黄图》记载，上林苑中有初池、麋池、牛首池、蒯池、积草池、东陂池、西陂池、当路池、犬台池、镐池、滮池，以及周文王灵沼等。而最著名的则是汉武帝时期人工开凿的昆明池。据《三辅黄图》记载：

"汉昆明池，武帝元狩三年穿，在长安西南，周回四十里。《史记·西南夷传》曰："天子遣使求身毒国市竹，而为昆明所闭。天子欲伐之，越嶲昆明国有滇池，方三百里，故作昆明池以象之，以习水战，因名曰昆明池。"昆明池以长安八水中的潏水和滈水为水源，引流成湖。昆明池修成后，不唯训练水军，还发挥了其他方面的重要作用，如发挥水面景区的游乐作用，京城里的王公贵族喜欢来此游玩戏水。在昆明池中与池岸两旁皆修建有亭台楼阁等建筑，以作观赏之用。同时，昆明池还为漕渠提供了充足的水源，从而保障了漕渠运输。昆明池还可用作水产养殖，不仅丰富了皇家御厨，也满足了京城王公贵族的生活享用。

总之，上林苑作为一代名苑载入史册，让后人难以忘怀和不断传述的是其曾经的无限风光与引人入胜的无限魅力。

二、汉长安城的规划与布局

汉长安城的规划设计继承了秦都咸阳"天人合一"的思想。秦咸阳宫的建筑布局与天象形成了完美的融合。它采用"法天"的指导思想,以咸阳宫为中心对应天帝居住的"紫宫",以渭水贯都比附天上银河,连接南、北城区的横桥象征牛郎、织女相聚的鹊桥,阿房宫与二十八宿之室、壁组成的营室相对,咸阳宫西部的市井、手工业区、商业区与紫宫西部的织女、扶筐、辇道、天厨等星相对,咸阳宫东部的兰池宫与紫宫东部的咸池(五车)星相对,横桥东南的信宫或曰极庙作为天子祭祀之所,与奎宿(天之府库)、娄宿(牧养牺牲以供祭祀)相对。

汉长安城的形状也突出了"天人合一"的思想。前文已述,汉长安城的形状是一个不规则的长方形,东城墙平直，其余三面城墙均有不同程度的曲折。南城墙似南斗形，北城墙似北斗形，城墙的形状仿佛天象，因此又被称作"斗城"。之所以出现这样的布局方式，既有"因天才，就地利"的考虑，也当有"君权神授""天人合一"思想的影响。

汉长安城的修建过程是先修宫城，后修城郭。长乐宫最先兴建，其因秦兴乐宫故基而筑，东面宫墙平直延伸，故汉长安城的东郭墙也是南北平直延伸，没有任何地理上的障碍物。

汉长安城的南城墙呈西南、东北走向，西段偏南，东段偏北，中间向外突出。之所以这样设计，既有地形与宫城边际的制约，又有模拟南斗的考虑。西汉初年，龙首原上先后修建了长乐宫和未央宫，为了适应龙首原的西南—东北走向，位于城西南的未央宫便略偏于南，位于城东南的长乐宫则略偏于北，这样二宫的位置便位于相同高度，东西对称，形成高屋建瓴、居高临下的态势，以彰显至高无上的皇权。故修建南城墙时，既要将长乐宫和未央宫包括在内，还要考虑比拟星象，以与南斗相合。于是，就出现了南城墙西段略偏南，东段略偏北、中段外凸的形状。

汉长安城的西城墙南段偏西，北段偏东，主要是受未央宫和潏河的制约。西城墙要把未央宫包括在内，因此只能顺应未央宫的西墙南北伸延。西墙北段偏东，是因为潏河下游河道向东偏移，北段若不东偏，城墙就会受到潏河的影响。潏河是西汉前期长安城供水的主要河流，故长安城一定要西靠潏河。今天的皂河河道沿袭的即是潏河故道。汉长安城西城墙为了适应未央宫宫墙走向和潏河的流向，就形成了南北不在一条直线的状况，换句话说，就是地理形势使然。

汉长安城西北角斜向南缩了一段，形成了北城墙的特殊形状。即北墙呈西南、东北走向，弯曲达六七处之多，犹如一条巨龙在游动。呈现这种状态，是因为受北面渭河流向的影响，又有比拟北斗的考虑，遂在建筑设计上不求东西端直而是与渭河平行，以应天象。这当是汉长安城北城墙呈现曲折走向的重要原因。

《周礼·考工记》云："匠人营国，方九里，旁三门。国中九经九纬，经涂九轨。左祖右社，面朝后市。"汉长安城的形制虽不是周正的长方形，但在布局上基本参照《考工记》中的原则来规划设计。汉长安城共有12座城门，每门3个门道。东面自北而南为宣平门、清明门、霸城门，南面自东而西为覆盎门、安门、西安门，西面自南而北为章城门、直城门、雍门，北面自西而东为横门、厨城门、洛城门。除霸城门和直城门由一条东西大街相连通外，其余各门均不互相连通，多呈丁字形与某条大街相接。这也是汉长安城的布局特点之一。

城里的街巷呈现"八街九陌"的格局。考古发现，除未央宫、长乐宫附近的4个城门外，通向其他8个城门的街道均为3条平行的干道。中间干道最宽，达20米，被称为"御道"或"驰道"；两边道路各宽12米，由两条排水沟区隔。街道笔直，呈东西或南北走向。街道在城内交错，形成8个丁字路口和3个十字路口。长安城内侧，沿城垣有一周环城道路，宽约35米，这是守城卫兵专用道路。城市供水一方面是直接从潏河引流入城，另一方面是开凿水库——昆明池，引流蓄水，以保障城市用水。考古发现，长安城的排水系统也相当完备，城内大街两侧有明沟作为排水干道。它们与城墙或城门底部的涵洞、水道相连接，将污水主要是雨后积水排出城外，泄入城濠。汉长安城棋盘式的街巷格局，虽未严格做到《考工记》所言"九经九纬"，但考虑到汉长安城先修宫殿、后修街道的营造顺序，城内"八街九陌"都非常规整，没有曲折，应与《考工记》的营造原则一致，堪称中国古代城市的典范。

从考古复原的汉长安城总体布局来看，汉长安城采用中轴线布局的形式。一般认为，汉长安城大体以安门大街为中轴线。经考古测量，汉长安城安门大街的中轴线向南延伸至子午谷口，向北延伸至汉高祖长陵以北，总长74千米，与子午线几乎重合。可见，汉长安城的规划设计，并不局限于迄今遗留下的几平方千米的地区范围，而是更宏观地与周围山川地势、帝王陵墓、礼制建筑等有着密切联系。但从主体建筑的布局来看，汉长安城的实际轴线应是经未央宫前殿东侧的南北大道和横门大街。未央宫是西汉皇室的主宫，未央前殿则是宫城中的大朝正殿，也是长安城的中心建筑。根据考古发掘，未央宫前殿东侧有一条宽8~10米的南北向大道，纵贯未央宫中部。出北门不远，便是通向横门的横门大街。这条轴线受未央宫位置的制约，偏向汉长安城的西部。汉武帝时期，在城西上林苑内修筑建章宫。建章宫隔未央宫与长乐宫遥遥相对，使这条轴线东西两侧的建筑基本达到了平衡。

汉长安城的布局充分体现了"左祖右社，面朝后市"的特点。未央宫作为西汉的权力中枢，位于城南，在其东、北、东北方向分别设置有后妃居住的长乐宫、桂宫、北宫和明光宫。未央宫以北，长安城北部是首都的主要市场——东市和西市。宗庙与社稷分别位于未央宫东南和西南。城中百姓的闾里位于汉长安城东北部，但也有位于诸宫之间的。贵族的宅第多集中在皇宫附近，如未央宫的北面，桂宫与北宫之间就是皇亲贵戚的主要居住地，称之为"戚里"。

古代统治者把陵墓的营筑和都城建设视为一个整体。西汉诸帝陵，除文帝霸陵和宣帝杜陵坐落于长安城东南郊之外，其他9座帝陵均分布在与长安城相对的渭河北岸咸阳原上。班固在《西都赋》中以"南望杜霸，北眺五陵，名都对郭，邑居相承"描述了环拱都城长安诸陵邑的情况。汉长安城附近的陵邑沿渭河两岸分布，每个陵邑的人口从数万到20余万不等。这些大大小小的陵邑就成为汉长安城的卫星城。

汉承秦祚，继承了秦朝的一统江山，缩小了都城范围，修筑了宫城的城墙。城内以宫殿建筑为主，修建了由多座宫城相连而成的宫殿群，各宫城之间还夹杂有一般民居及其他功能性建筑，呈现"城郭合一"的总体格局。汉长安城及城郊的离宫、苑囿、帝陵等，皆是都城建设宏观规划中不可或缺的部分，对汉以后历代封建王朝的都城建设有着深远的影响。

三、西汉以后的长安城

西汉长安城前后经历了高祖、惠帝、武帝3个时期的建设：汉高祖时期，主要修建了长乐宫、未央宫和武库等；惠帝时期主要修筑了4面城墙；武帝时期又扩建了北宫、桂宫、明光宫、建章宫等宫室建筑，开凿了昆明池等。汉武帝以后，长安城中再没有大规模兴建，一直维持着旧有规模。

王莽代汉前后，对长安城进行了一系列改造。按时间可分为两个阶段：

第一个阶段是篡汉之前的摄政时期。元始四年（4年），王莽在长安城兴建了新的建筑群——明堂、辟雍、灵台和市，还为士人建立了规模较大的学舍，在城中设立了常满仓。这一时期王莽还未篡权，他所进行的一系列工程建设旨在笼络人心，招揽人才，营造一种礼贤下士的假象，来迷惑朝野上下。同时，他还有意抬高《周礼》的地位，把《周礼》作为最高的社会道德与行为规范。所有这些，都是在为其窃取政权做政治和舆论的准备。因此他对长安城的改造无不体现着《考工记》的要求，根本目的就是标榜自己代汉自立乃是天命所归，他所建立的王朝才是儒家学说中的理想国度。

第二个阶段是王莽登基之后。据《汉书·王莽传》记载，王莽登基时"改明光宫为定安馆，定安太后居之。以故大鸿胪府为定安公第，皆置门卫使者监领……长乐宫曰常乐室，未央宫曰寿成室，前殿曰王路堂，长安曰常安"，这些改变都是为改朝换代服务。为前朝皇帝和太后安排住所，更换标志性宫殿的名字，改长安为"常安"，意味着去旧迎新，即西汉统治的终结，王莽新朝的开始。此后，王莽对长安城又进行了一番扩建。地皇元年（20年），拆除长安城西侧的建章、承光、包阳、大台、储元宫及平乐、当路、阳禄馆等，在长安城南郊兴建九庙。九庙工程规模最大，为了修建九庙，王莽下令把建章宫等十多处宫殿拆除，用拆下的材料补充九庙的建设用度。整个工程耗资数百万，累死工卒上万人。同时，王莽还给汉长安城的各个城门都换以新名。这一系列工程均参照《周礼·考工记》的营国原则实施，充实了汉长安城的礼制建筑群。根据考古发现，王莽所建九庙位于汉长安城南郊，与长安城北的东西两市相呼应，以符合《周礼》所谓的"面朝后市"；又以未央宫为中轴线，在其附近建宗庙、立社稷，以符合《周礼》所谓的"左祖右社"。至此，长安城的规模和布局始告完成。

然而，西汉末年，关中历经王莽篡汉、绿林、赤眉兵火相接，城中"民饥饿相食，死者数十万"，长安城日益凋敝残破。东汉时期，长安为西京，虽修复了部分宫殿，但已不复辉煌时的盛景。西晋以至十六国和北朝时期，先后有前赵、前秦、后秦、西魏、北周多个朝代定都长安，长安城有了一定程度的恢复和发展。

隋文帝统一全国后，都长安。当时的汉长安城饱经战乱，城中宫宇朽蠹，供水、排水严重不畅，不易修复。龙首原北侧逼近渭河，范围狭促，影响了城市南北纵深发展，且城市临河而建，时有水淹之虞。地面水位过高，易导致居民区用水过于咸卤不堪饮用的情况。考虑到龙首原南侧地形开阔高爽，从南山引水方便，隋文帝便命宇文恺在龙首原南侧另建新都，名为"大兴城"。

而汉长城经历了西汉、新莽、东汉（献帝）、西晋（愍帝）、前赵、前秦、后秦、西魏、北周多个朝代，历时近800年，饱经战火的破坏与摧残，终在隋文帝开皇二年（582年）大兴城竣工后逐渐废弃，退出了历史舞台。

汉长安城遗址在今西安市西北部未央区境内，是一处大型的都城遗址，有极为丰富的物质文化遗存。目前，汉长安城遗址正在建设成为一座大型的国家遗址公园，既是一种文化遗产永久保护的有效方式，也是一种利用文化遗产为当今社会服务的有效方式。汉长安城将成为西安广大民众休闲游乐的好去处，同时又是感受中国几千年历史文化的好去处。2014年，汉长安城已成功列入世界文化遗产名录，又为古城西安增加了一份宝贵财富，给古城人民平添了一份自豪。

第三章 汉室政权的维护与盛衰更替

刘邦崇辛立国，叔孙通制定朝仪，儒家学派最先走入汉朝统治者的视野。此后又出现了文景之治、汉武盛世、昭宣中兴三大盛世局面。而汉元帝优柔寡断、不辨是非，导致大权旁落；汉成帝荒于酒色，听任外戚擅权弄权，罔顾国计民生，更使国家走向了危险境地。

一、西汉初年休养生息之策

刘邦打败了项羽，国家统一于汉。于是，刘邦便成了大汉王朝的皇帝。这对于一个出身布衣的人来说，简直就是一个神话。如何管理好这个国家、做好这个皇帝，无疑是当时刘邦考虑最多的问题。然刘邦是个极聪明的人，他认为治国犹如治家，一个家庭要和睦相处，父慈子孝是最重要的，是家庭秩序的根本。用之于治国，亦当相差无几。于是，他的脑海里酝酿出了一个"以柔孝立国"的方案。

刘邦的父亲就是一个勤于劳作的农民，却因为刘邦而被卷入了政治旋涡，经历战争风雨。项羽进攻刘邦，捉住了刘邦的父亲，以为人质，还把刘邦的人马困在一座城里。刘邦坚守不出，项羽也无破城之法，就在城下扬言要杀死刘邦的父亲煮肉羹，谁知刘邦说他和项羽曾经结为兄弟，他的父亲就是项羽的父亲，既然项羽要把自己的父亲杀掉煮肉熬汤，那不妨也分他一口。项羽看这招不成，只好作罢。

西汉立国后，刘邦把他的父亲接到长安，准备同享荣华富贵，但这位太上皇却不习惯这种享乐生活，仍然眷恋故乡。为了孝敬父亲，刘邦决定将故乡丰邑迁移到关中，于是在公元前197年，改秦时的郦邑为新丰，将丰邑按原样迁建于此。新丰邑逼真到了"老幼各识其家，鸡犬从不乱户"的程度。《括地志》说："新丰故城在雍州新丰县西南四里，有汉的新丰宫。汉太上皇时常有悲伤之情，高祖私下让身边的人打听原因，太上皇回答说，他一辈子交往的都是屠夫贩卒、斗鸡走狗、买酒卖饼者流，和这些人在一起他才欢乐愉快，现在没有这种环境，他就感到郁闷。于是高祖营建了新丰，将老家丰邑的居民全部迁了过来，太上皇才露出了喜悦之色。"

刘邦在争天下时，对待乃父似乎有些不近情义，但在得到天下后，却对自己的父亲孝敬有加。据说他每隔5天就要去看望父亲，而且毫不顾忌自己的皇帝身份，给刘太公行父子礼。这时太公跟前有个管事就给太公建议，说："天无二日，地无二王，虽然高祖是儿子，但也是君主，而太公虽然是父亲，却也是人臣。"天下没有让皇帝给臣子行大礼的，否则皇帝就没有威严了。刘太公认为他说得对，于是之后父子相见，太公就对儿子改行君臣之礼。后来未央宫建成，高祖大宴群臣，酒酣耳热之际，刘邦很恭敬地给自己的父亲敬酒祝寿，并笑着说："父亲你过去常说我不务正业，不如哥哥勤劳能干，今天看我与哥哥谁干得好！"引起大伙哄堂大笑。刘太公晚年长居栎阳宫，过着至尊至贵的太上皇生活。

唐代温庭筠《过新丰》有云："一剑乘时帝业成，沛中乡里到咸京。寰区已作皇居贵，风月犹含白社情。泗水旧亭春草遍，千门遗瓦古苔青。至今留得离家恨，鸡犬相闻落照明。"诗中诉说着这里之所以成为新丰的故事，也反映了汉高祖孝敬其父的用心。明代的李东阳有一首《新丰行》，诗中写道："长安风土殊不恶，太公但念东归乐。汉皇真有缩地功，能使新丰为故丰。人民不异山川同，公不思归乐关中。汉家四海一太公，俎上之对何匆匆，当时幸不烹若翁。"从李东阳的诗中，即可见刘邦创设新丰的效果。

刘邦对太上皇的孝敬也可以看作西汉治国的重要切入点，西汉一代的皇帝，其死后谥号前多加"孝"字。如孝惠、孝文、孝武帝等，而这一切，一是与汉高祖服侍太上皇的故事有关，二是与娄敬在汉王朝建立时所发挥的作用有关。

针对北方匈奴不时侵扰边境而给汉王朝形成巨大的压力，娄敬曾经对刘邦说："天下刚刚安定下来，军队还没有得到修整，故不适合用武力征服匈奴。冒顿杀父而立，纳群母为妻，以强力立威，这样的人是不可以用仁义之说打动的。……陛下如果能把嫡长公主嫁给他为妻，再厚送礼物，冒顿知道是汉朝皇帝的亲生女儿，且陪嫁的物品丰厚，其必立汉女为阏氏，阏氏生下儿子必然立为太子，这就是单于的继承人。匈奴贪图汉朝的重金和财物，陛下在一年之内可随时把汉朝富余之物中匈奴所缺少者送给他，同时派遣一些能言善辩之人向冒顿灌输汉朝礼节。冒顿在，他是女婿，冒顿死了，则外孙子可继立为单于，谁听说过外孙子敢和舅姥爷抗争的呢？"这就是历史上著名的"和亲"政策。

娄敬提出的和亲策略，不光为汉高祖所采纳，且一直是汉初至武帝前期的一种政治措施，为汉朝赢得了恢复经济、休养国力的时间。究其实质，仍然是孝治天下的延伸和外化而已。由于和亲政策产生了比较好的社会效果，故一直是汉初奉行的基本国策。

为了加强政权的向心力，刘邦册封了一批同姓王，剪除了多名异姓王。刘邦还杀白马为誓："非刘氏而称王者，天下共同讨伐他。"其立足点还是"孝"字。儒家学说和黄老之术都是西汉初年治国理政的理论基础。孔子的学生有子说："一个人如果能孝敬父母和敬爱兄长，而喜欢触犯上级，这样的人很少；而不喜欢触犯上级，却喜欢造反，这种人则根本就没有。君子一心一意做好基础工作，基础树立了，'道'就会产生。孝敬父母和敬爱兄长，这就是'仁'的基础吧！"儒家把政治建设置放在孝的基础上，认为只有从"家"这个基本的社会单元出发，把家庭的伦理稳定结构推广到全国范围，一切问题就都迎刃而解了。从此，"家国合一"就成为中国历代学者谈论治国的重要理念。而孝，也自然为历代统治者所倡导，因为忠孝的内在一致性，孔子做的其实就是"移孝做忠"的事情。虽然政治理论比实践总要先验，但把孝作为一种政治实践大规模推广，还是从新丰开始的。刘邦在内政上垂范太公；在外交上听娄敬，正是从新丰开始的这个"孝"字，为西汉统治长治久安做了很好的铺垫。

而叔孙通的定朝仪则为儒家学派争取到了进入统治者视野的机会。

叔孙通，薛县（今山东滕州）人，初为秦待诏博士，后被秦二世封为博士。秦末归附项梁，项梁兵败而死于定陶（今山东菏泽定陶区西北）后，叔孙通跟随楚怀王。楚怀王被尊为义帝并迁徙到长沙后，又随侍项羽。汉高祖二年（前205年），刘邦率领诸侯军队攻取彭城（今江苏徐州），叔孙通转投刘邦，并举荐勇武之士助汉争取天下。

叔孙通原本穿着儒生的服装，刘邦看着讨厌。于是叔孙通立刻改变装束，改穿短衣服，一副楚人的打扮，刘邦看着心里很高兴，封他为博士，赐号"稷嗣君"。

汉高祖五年（前202年），天下统一，诸侯们在定陶拥立刘邦为皇帝。刘邦下令废除秦朝旧的礼法，君臣之间遂无礼仪的约束。刘邦在宫中宴请群臣，功臣们借着酒劲争长论短，大声呼叫者有之，拔剑击柱者有之，场面一片混乱。这一场景令刘邦很是不满，于是，叔孙通献计道："儒生虽然难以马上立功，但却长于维持固有秩序。臣愿意从鲁地招聘儒生，与臣的弟子一起制定一套朝仪。"刘邦说："可以做到吗？"叔孙通答曰："五帝用的音乐各不相同，三王用的礼仪也不一致。礼，是根据不同时代和社会需要所制定的一套行为规范。孔子说，夏、商、周三朝的礼仪之所以有增有减，就是为了不重复沿袭一样的东西。我可以参照古代的礼法，吸收秦朝的一部分东西，来给您制定一套符合今天要求的朝堂礼仪。"

刘邦说："你可以试着办，但要简单易学，要考虑我能做到。"于是叔孙通就到曲阜一带找来30多个儒生，把他们和刘邦身边旧有的书生以及自己的弟子合在一起，共100多人，前后演习一个多月。此时，叔孙通对刘邦说："您可以去看看了。"刘邦看了他们的演练，放心地说："这个我能做到。"于是下令群臣演练，准备在十月岁首朝会时正式使用。

汉高祖七年（前200年），长乐宫建成，各地诸侯和朝中大臣都来参加十月的朝会。当时的仪式是这样的：天亮之前，首先是谒者执行礼仪，他领着诸侯与大臣们依次进入殿门。院子里排列着保卫宫廷的骑兵、步兵，陈列着各种兵器，插着各种旗帜。这时有人喊了一声"开始"，于是殿下的郎中们就站到了台阶的两旁，每个台阶上都站着几百人。功臣、列侯、将军以及其他军队将领都依次站在西边，面朝东；丞相以下的各种文官都依次站在东边，面朝西。掌管朝觐礼仪的大行令设置了9个傧相，专门负责上下传呼。最后皇帝的车子从后宫出来了，随侍的人员拿着旗子，传话叫大家注意，然后领着诸侯王以下至六百石的官吏依次朝贺皇帝。从诸侯王以下，所有的人都诚惶诚恐、肃然起敬。群臣行礼过后，又按着严格的礼法摆出酒宴。那些有资格陪刘邦坐在殿上的臣僚皆屈身低首，按爵位的高低依次起身祝酒。酒过九巡，谒者传令说："酒毕。"朝会期间，如有不合礼法者，负责纠察的御史就会把他们带出去。整个朝会从始至终，没有一个敢喧哗失礼。这时刘邦才心满意足地说："今天我才真正体会到了做皇帝的尊贵。"于是擢升叔孙通为太常，赐给他黄金500斤。汉高祖九年（前198年），刘邦又调任叔孙通为太子太傅。刘邦死后，孝惠帝即位，改任叔孙通为奉常，负责制定祭祀宗庙的仪法，以供后世遵从。

秦汉易代之际，叔孙通以一介儒生而游刃于秦二世的残暴昏庸、项羽的喜怒无常、刘邦的粗俗无赖之间，不能不让人叹服其机敏圆滑。他制定朝仪，使得儒家学派最先进入汉朝统治者的视野，其有效性与合法性得到了最高权力中心的认可。从此，儒家学派得以不断传承延续，为后来汉武帝"罢黜百家，独尊儒术"奠定了重要的基础。同时，叔孙通制定的礼仪制度，在强化皇权威严、严格社会等级方面也发挥了极其重要的作用。

刘邦之后，惠帝刘盈的即位并没那么顺利。

汉惠帝刘盈，是汉高祖刘邦与吕后之子，西汉第二位皇帝。高祖七年（前200年），刘盈被立为太子，但刘盈为人仁弱，刘邦以为他不像自己，而更喜爱与宠妃戚夫人所生之子赵王如意。刘邦至关东，戚夫人常从，并多有机会向刘邦进言，欲以如意代刘盈为太子。

高祖十年（前197年）的某日，刘邦提出更换太子，让大臣们讨论。结果群臣纷纷反对，御史大夫周昌反对最强烈。刘邦问其原因，周昌由于口吃，且又盛怒，于是说道："臣口不能言，然臣期期知其不可！陛下欲废太子，臣期期不奉诏。"刘邦见此状，欣然而笑，罢置此议。事过之后，吕后因为在东厢侧耳听到上述对话，在见到周昌时就跪谢说："若不是您据理力争，太子可能就被废掉了。"

此后，吕后找张良谋划此事。张良说："陛下在战争困难的时候确实能够听取我的意见，然如今是因为偏爱而要废长立幼,我不一定能说服得了他。但我知道,陛下非常看重隐居在商山的四位高士,也就是'商山四皓',却始终请不出来。因为四皓看不惯陛下对臣下的傲慢态度。如果你们能想方设法把商山四皓请出来辅佐太子,让他们天天陪着太子,特别上朝之时也陪伴太子。只要让陛下知道有商山四皓辅佐太子,就可以了。"吕后恳求张良给商山四皓修书一封,并派人带着太子的亲笔信和一份厚礼,请四皓出山。太子的诚意和礼节打动了商山四皓。

高祖十二年(前195年),刘邦平定了英布叛乱。由于刘邦在这次平叛中第二次受到致命箭伤,并由箭伤而引发其他疾病,更加重了病情。此时的刘邦想预先安排好后事,再次提出废立太子一事。张良因劝阻无效,托病不再上朝。太子太傅叔孙通也谏言说:"过去晋献公因宠爱骊姬而废了太子,改立骊姬的儿子奚齐,结果使晋国乱了几十年,成为天下人的笑柄。秦朝也是由于没有及早确定扶苏为太子,结果让赵高钻了空子,伪造遗嘱,立了幼子胡亥,从而导致秦的灭亡,这是您亲眼所见的。如今我们的太子忠厚仁孝,天下人全都知道;吕后又是和您同甘共苦的妻子,您怎么能背弃她呢!如果您非要废长立幼,那我就请求死在您的面前。"刘邦暂时迫于压力,假装听从,实际上废立太子的想法并没有改变。

一次朝宴，太子刘盈侍立于侧，商山四皓随从。刘邦发现太子身边有4位80多岁的老人，胡须、眉毛都白了，服装、帽子非常讲究，感到很奇怪，就问他们："你们是谁？"4位老人上前回答，并各自报了姓名。刘邦听说后大为吃惊："我多次召请诸公，你们都避而不见，为什么要随从我的儿子呢？"4位老人回答："陛下轻视读书人，又爱骂人。我们不愿受辱，才选择了逃亡。如今听说太子仁孝恭敬，爱护天下读书人，天下人都愿意为太子效死力，所以我们就来了。"刘邦说："烦请诸位替我照顾好太子。"

　　4位老人敬完酒，就离开了。刘邦看着离去的4位老人，指着他们对戚夫人说："我想更换太子，现太子有4位高士辅佐，羽翼已经丰满，难以撼动了啊！"戚夫人听后，立即失声痛哭。刘邦说："我为夫人唱一首楚歌。"歌词曰："鸿鹄高飞啊，一飞千里。羽翼已成啊，横渡四海。横渡四海啊，还能做什么？即使有弓箭，对于高飞的鸿鹄还有什么用呢？"从此之后，刘邦再不提废立太子之事。

　　刘邦死后，刘盈顺利继位，是为汉惠帝。商山四皓在帮助刘盈稳固帝位后，再次回到商山隐居，不再出仕。

　　惠帝在位期间，有萧规曹随的美谈。其中，"萧"指萧何，"曹"指"曹参"。

萧何是刘邦的同乡，早年是秦朝沛县的一名狱吏，秦末加入刘邦的起义队伍，并成为辅佐刘邦的得力谋士。刘邦进入咸阳后，诸将争抢秦宫的金帛财物，而萧何则带人前往秦丞相府和御史府，收集秦朝所藏档案、律令及图书等，为汉政权的建立及其合理制定有关政策提供了重要依据。萧何还向刘邦举荐了韩信，使之成为楚汉战争中能战胜项羽的一大有利因素。在楚汉战争中，萧何留守关中，使关中成为汉军的巩固后方，不断输送士卒粮饷支援前线作战，为刘邦最终战胜项羽和建立西汉发挥了极其重要的作用。

西汉初年，由于历经8年的残酷战争，社会经济遭到极大的破坏。据《史记》记载，当时皇帝所坐的马车，想配备纯一色的4匹马都办不到，而将相有的只能乘坐牛车。百姓为了躲避战乱，四处流亡，社会生产一蹶不振。为了发展生产，恢复社会经济，刘邦任命萧何为丞相，制定了一系列休养生息的政策措施：一面让大批军队复原回乡，一面下令废除苛繁的秦代律法，减轻赋役，号召流亡的农民回归土地；无主的田地由农民认领，同时开放山林川泽，让无地或少地的农民从中获得生存资源。在政治上，萧何主张无为而治，提倡清心寡欲，以尽量减少人们对物质财富的过度追求与消费，从而增加国家财富的积累，恢复国家和社会元气，逐步改善经济民生的窘况。

"守成之君"汉惠帝上台后，以萧何为相，继续沿用"与民休息"的政策，国家社会经济大有起色，并进入了进一步正常发展的轨道。

　　汉惠帝二年（前193年），萧何去世，惠帝以齐相曹参为相。曹参在任齐相时，就曾求教于喜好黄老之学的胶西盖公，并在齐国一直推行"无为而治"，他相齐9年，齐国社会秩序安定，从而获得"贤相"的美誉。

　　曹参代替萧何，担任西汉政府的丞相，"举事无所变更，一尊萧何约束"。其基本方略是：

　　郡国官员的任用，首先选择年资较长、不喜言辞、为人忠厚、有长者之风的人，担任丞相史。官吏中语言文字尖酸刻薄、计较个人名利者，均被免职。他日夜离不开好酒。卿大夫等下级官员与宾客等见曹参一天到晚无事可干，来找他并希望给他一些建议。双方见面，他往往是先让喝酒，客人刚想说话，酒又盛上递了过来，以至喝醉，也没有把想说的话说出来。丞相府的后园与官吏的住处很近，官吏的住处也是天天传来酒令之声。在曹参身边工作的人觉得不合适，又无可奈何，就请曹参到后园去转转，以期曹丞相听到官吏喝酒行令的喊声，对其进行处置。结果是丞相来到官吏喝酒的地方，既与之同饮，又与之同唱酒令，声音比其他人还大。因为这些人的作为，就是从曹丞相那儿学来的。曹丞相对犯有小错的官吏，不追究责任，所以丞相府中长期平静无事。

曹参的这种清静无为的政策，曾引起惠帝的不安。惠帝就让曹参之子问一下其父为何一直没有向皇帝汇报的事情，结果遭到乃父的斥责。惠帝没有办法，于是在上朝时，就直接向曹参提出了治国问题。

曹参先问惠帝是否可与高帝相比，惠帝说不能。这时曹参就说：既然陛下不及高帝，我也不及萧何，那么，我们有高帝与萧何所制定的政策法令，只需遵守沿用就可以了，何必要更张呢？

惠帝仔细一想，这个道理也对，就与曹参达成了"垂拱而治"的默契。曹参死后，百姓感其德，唱歌颂之曰："萧何为法，讲若画一；曹参待之，守而勿失。"萧何、曹参相继为汉丞相，辅佐皇帝治国，采取轻徭薄赋、与民休息的政策，取得了国家与人民大众双赢的效果。

而"周氏安刘"中的周勃更完成惊天壮举，成就一代传奇。

高祖十二年（前195年）刘邦去世，仁慈柔顺的惠帝即位，但大权仍由其母吕后掌握。直至公元前180年代王刘恒即位，吕后掌握国家权力15年。前7年，吕后是以惠帝刘盈名义执政；后8年，则由吕后临朝称制。

吕后，名雉，是刘邦的结发妻子，在刘邦未发迹时就嫁给了他。在楚汉相争的岁月中，吕雉积极帮助刘邦经营关中，吕氏宗族也几乎全部参加了战争，立下了不少战功。天下已定，吕后多次谋划诛杀功臣，韩信就死在她手上，彭越、英布也为其计谋所害，所谓"飞鸟尽，良弓藏；狡兔死，走狗烹"。吕后干练、机警而狠毒。她独掌大权以后，将曾与她在后宫争宠的戚夫人之子赵王如意毒杀，又将戚夫人砍断手足，挖去双眼，最后扔进厕所，还让惠帝前来观看"人彘"。惠帝就是因此受到极大刺激，病逝时才24岁。

惠帝死后，吕后独揽大权，先从开国元勋周勃手中夺得军权，交给自己的侄子吕台、吕产，又先后立两个小孩子为傀儡皇帝，自己临朝称制。吕后在临朝的8年中，先后封赏吕氏多人为王，同时大肆杀害刘姓诸王，将赵王刘友幽闭而死，逼共王刘恢自杀而亡，绝燕王刘建之嗣而国除，公然违反刘邦"非刘氏不得为王"的遗训，并排挤元勋与老臣。公元前180年，吕后去世，吕产为相国，吕禄为上将军，吕禄女儿为皇后，刘氏天下已岌岌可危。在此紧要关头，丞相陈平与太尉周勃决定发动政变，铲除诸吕、安定社稷。周勃秘密潜入北军（守卫长安之禁军），策划并号召起事，由宗室刘璋率军攻入未央宫，一举诛杀了吕产和长乐宫卫尉吕更始，继而捕捉诸吕，并一网打尽。随后，周勃与陈平等商议，迎立代王刘恒即位，也就是文帝。周勃为人质朴敦厚，刘邦在遗言中早已预料其"可嘱大事"，并断言"安刘氏者，必勃也"，后来果如其言。周勃之后，其子周亚夫亦为一代名将。周亚夫驻军的细柳营，治军严整，为汉军之典范，同时也是拱卫汉长安城的坚强壁垒。

周勃早年不过是个吹箫送葬的，但在乱世出英雄的时代，他投身反抗暴秦的起义队伍，追随刘邦赢得了天下，实现了从一介布衣到贵为将相的华丽转变。说他是个神话，也并非过誉。

而高祖刘邦也是慧眼识英雄，将周勃视为托孤重臣，周勃果然不负高祖嘱托。刘邦死后，惠帝仁弱，吕后擅权，刘氏江山岌岌可危之际，周勃出来振臂一呼，完成了用枪杆子实现"安刘"的惊天壮举。这是西汉前期发生的最重要的政治事件，可以说，周勃为西汉政权的稳固和持续发展做出了巨大贡献。

二、西汉中兴之三大盛世

　　"文景之治"是历史上第一个令人称颂的盛世。它是建立在秦末汉初一片萧条的经济社会废墟之上的。据《汉书·食货志》记载："汉兴，接秦之弊，诸侯并起，民失作业而大饥馑，凡米石五千，人相食，死者过半。"司马迁在《史记》中也用"自天子不能俱醇驷，而将相或乘牛车"来描述汉初物质条件极度匮乏。面对这样的民生困局，高祖刘邦和吕后、惠帝在位时都采取无为而治、休养生息的政策，逐步使得西汉社会经济走向了恢复。而文帝、景帝时代，则是西汉社会经济逐渐走向繁荣的时代，也是西汉国力逐渐走向强盛的时代。

　　文帝原是刘邦一个不得宠的妃子薄氏所生，既是庶出，其母又不受宠，本是没有机会做皇帝的。但是由于意外变故的发生，就改变了看似无法改变的一切，而文帝正是这一改变的受益者。周勃、陈平等人用发动政变的方式，一举消灭了吕后培植起来的吕氏外戚势力，而选择谁作为皇位的继承人，就成为政变后所要解决的首要问题。此时，惠帝诸子皆出自后宫宫女，其母地位低微，加之皆年幼，均不具备手握权柄的能力，故一一被排除。而高帝诸子中，健在的唯有代王刘恒和淮南王刘长。代王仁孝宽厚，淮南王则行为骄横，故代王刘恒就成为不二人选，被大臣拥立为皇帝，是为孝文帝。

汉文帝即位后，继续采取清静无为、轻徭薄赋、与民休息的政策。他非常重视农业生产，多次下诏劝课农桑，根据户口比例设置三老、孝悌、力田等人员，给予他们赏赐，以促进农村良好风气的形成，推动农业生产发展。为了鼓励农民努力耕作，引导百官关心农桑，每年春耕时，他都要行籍田礼，亲自下地耕作，给百姓做示范。此外，文帝还下诏"弛山泽之禁"，即开放山林资源，供老百姓耕渔和采集，这也是解决无地或少地百姓生活问题的一种方法。

汉文帝在生活上十分节俭，宫中用度多年不增添，出行车马也没有增添，帷帐不施文绣，皇后衣不曳地，更下诏禁止郡国贡献奇珍异物。因此，国家的开支有所节制，贵族官僚也不敢奢侈无度，从而减轻了人民的负担。有一次，身边一位近臣向文帝献媚道："在京城之东，骊山最高峰上，为陛下筑一露台，每到午夜子时，在台上摆放香案，以敬天地神灵，再用承露盒接天地之雨露。陛下喝此雨露水，可延年益寿、长生不老。"文帝虽相信此言，但一计算，需要耗资百金，就放弃了这个计划。

文帝对秦代以来的一些严刑苛法进行了重大改革。先废除了残酷的连坐法；又因齐人淳于意被判肉刑，女儿缇萦上诉，请求自己替父亲受刑，文帝为其父女情深所感动，废除了惨无人道的肉刑。

对周边少数民族，文帝采用羁縻安抚的政策，经常派出一些持节官员到少数民族地区进行宣慰，了解情况，绝不轻言派兵征讨，与少数民族和平相处，营造了良好的周边环境。

文帝驾崩后，太子刘启即位，是为汉景帝。景帝继承和发展了文帝的事业，成就了两个朝代的辉煌，这就是史书所称的"文景之治"。

景帝前元三年（前154年），爆发了以吴王刘濞为首的7个诸侯国的叛乱，史称"七国之乱"或"吴楚之乱"。景帝派将军周亚夫领军平叛，逐一击败各路叛军，吴王刘濞败亡，诸侯之乱始平。借此机会，景帝着手解决诸侯王尾大不掉的问题，除保存楚国另立楚王外，其余六国皆被废除，这就是削藩政策。此后，中央的直辖郡由高祖时的15郡增加至44郡，诸侯王国领郡由高祖时的42郡减为26郡，有效地削弱了诸侯王的地位和权力，加强了中央集权。

经济上，景帝继续执行重农抑商的基本国策，允许土壤贫瘠处的老百姓迁徙到土地肥沃、水源充足之地，以更好地从事农业生产。景帝还多次颁诏制止地方官员滥用民力，耽误农时。景帝时期，农业的租税从十五税一直接减少到三十税一，农民承担的徭役也减轻为每3年服役一次。这些改变都是社会经济发展的结果。

司马迁在《史记·平准书》中写道："汉兴七十余年之间，国家无事，非遇水旱之灾，民则人给家足，都鄙廪庾皆满，而府库余货财。京师之钱累巨万，贯朽而不可校。太仓之粟陈陈相因，充溢露积于外，至腐败不可食。"这就是文景时期国家财富积聚的情况。就连闾里的门卫都能经常吃上有肉的米饭，于此可见人民生活水平之一斑。

文景之治是封建社会的第一个盛世，为后来汉武帝征伐匈奴奠定了坚实的物质基础。而汉武盛世让西汉国力达到了顶峰。

汉武帝刘彻是继秦始皇以后又一位雄才大略的君主。汉武帝时期，西汉王朝在政治、经济、文化和军事等领域都发展到了一个高峰。汉武帝3岁时受封为胶东王，6岁时被立为太子，年仅16岁就登上帝王宝座。此后掌握国家权力54年，是西汉王朝在位最久的皇帝。

刘彻，原名刘彘。据说其母王氏在怀孕时，梦见太阳入她的怀中。她将这件事告诉景帝，景帝认为这就是显贵的征兆。刘彻天生聪颖过人，悟性极好。他有惊人的记忆力，求知欲也特别强。他尤其喜欢阅读有关古代帝王圣贤的书，且有过目不忘的本事。在他7岁时，景帝为他改名为"彻"，既表示了对其聪明智慧的肯定，也表示了对其能有所作为的期许。

刘彻在孩童时，就有了金屋藏娇的佳话。一天，馆陶长公主抱着小刘彻问："彻儿长大了要娶媳妇吗？"小刘彻说："要娶啊。"于是长公主指着左右侍女百余人问小刘彻喜欢哪个，小刘彻都说不喜欢。最后长公主指着自己的女儿陈阿娇问："那你是否喜欢阿娇呢？"小刘彻立即笑着回答说："喜欢！如果能娶阿娇做妻子，我就造一个金屋子给她住。"于是就有了金屋藏娇的历史故事。刘彻的话令长公主十分高兴，长公主借机向景帝请求，遂定下了这门亲事。

虽然武帝登基时的年龄不及弱冠，但他聪明早熟，多少弥补了年龄上的欠缺，并且很快就展示出了杰出的政治才能。纵观汉武帝的一生作为，确实称得上雄才大略。他在政治、经济、文化、军事等各个领域均有卓越建树，使西汉的国力臻于极盛，从而开创了中国历史上第一个辉煌盛世。

治理好国家的基础在于能用好各个方面对国家有用之人，汉武帝时代大致就是这样一个人才开放的时代，也成就了一个人才辈出的时代。《汉书·公孙弘传赞》称赞武帝时代是："群士慕向，异人并出。……儒雅则公孙弘、董仲舒、倪宽；笃行则石建、石庆；质直则汲黯、卜式；推（荐）贤则韩安国、郑当时；定令（制诰）则赵禹、张汤；文章则司马迁、相如；滑稽则东方朔、枚皋；应对则庄助、朱买臣；历数则唐都、洛下闳；协律（调制音律）则李延年；运筹则桑弘羊；奉使则张骞、苏武；将率则卫青、霍去病；受遗（托孤）则霍光、金日磾；其余不可胜记！"所谓"汉之得人，于兹为盛"！如此众多的人才，在各个领域为国家的建设与发展做出了贡献，也成就了汉武帝的伟大建树。

政治上，汉武帝继承景帝削弱诸侯王、打击和限制地方势力膨胀的做法，采纳主父偃提出的推恩令，进一步拆分和弱化诸侯王的势力，使之等同于郡县。同时，在全国设立十三刺史部，以监察和打击地方官员与豪强势力的不法行为及活动。

经济上，汉武帝重用桑弘羊等人，制定了盐铁专卖与算缗、告缗的新经济政策，即实行了由国家对主要商业领域的垄断，又禁止地方诸侯铸钱，使一切财政权力集于中央，实现了中央政府对财富的垄断。

思想上，汉武帝采纳董仲舒"罢黜百家，独尊儒术"的建议，并在长安创立太学，作为当时的最高学府，开创了2000多年来儒家学说占据统治地位的局面。

同时，汉武帝亦采用法规和刑法来巩固政府的权威和显示皇权的地位，对广大百姓宣扬儒道，以示政府的怀柔，而对政府内部，又以严酷的刑法来约束大臣。

军事上，汉武帝彻底改变了以往对匈奴的政策，不再用和亲与送岁币及财货的办法，而是开始对匈奴实行反击。同时又致力于开疆拓土，以扩大西汉的版图。建元五年（前136年），出兵平定东南闽越的动乱。元光二年（前133年），始定反击匈奴之策。之后，派遣名将卫青、霍去病3次大规模出击匈奴，收复河套地区，夺取河西走廊，将匈奴势力驱逐至大漠以北，彻底打败了匈奴军事势力，解除了北方边患。

在外交上，汉武帝派张骞出使西域，开辟了丝绸之路，加强了中西文化、经济的交流。张骞之后，丝绸之路上的使者"相望于道"，中原王朝派出的使团，规模大的有数百人，规模小一点的100多人。一年之中，派出的使团，多则10余次，少则五六次，出使距离比较远的国家，往返需要八九年，距离稍近的也需要数年。所谓"驰命走驿，不绝于时月；商胡贩客，日款于塞下"。由此可见张骞出使西域对中外文化交流的贡献。

武帝在位期间，内修文治，外尚武功，在不断发展和增强国力的基础上，调整国家的对内对外政策。尤其是在对外政策方面，取得了多方面的成就：北面驱逐了匈奴，南面平定了百越，西面开辟了西域交通，东面将内地郡县推广至朝鲜半岛，一个幅员辽阔的西汉帝国屹立于东方。武帝时代，西汉的国力发展到了顶峰。

但专制皇帝难免产生独断专行等致命缺点，汉武帝也在所难免。武帝到了晚年，听谗信巫，给西汉政治、社会带来了巨大灾难。"巫蛊之祸"更是导致父子相残。武帝的好大喜功、滥用民力，导致了国库空虚、民生凋敝，使强大的西汉帝国走向了衰落。

汉武帝即位后，虽然后宫妃嫔成群，但十几年仍膝下无子。29岁时，卫子夫才为武帝生了一个儿子，取名刘据。这个有点晚到的儿子深得武帝宠爱，7岁时便被立为皇太子。武帝还请来了当时最著名的学者当刘据的老师，教习读书，并为他立博望苑，以通宾客，尽其所好。每次武帝外出巡行，都把京城中的政事交给太子。太子性格温厚，处事平和，用法宽仁，与其父有所不同，甚至还能做到为遭受冤狱的人平反或减轻刑罚。太子虽得天下人之心，却得罪了朝中以严刑峻法著名并权力在握的酷吏之辈。他们处心积虑构陷太子，尤其在大将军卫青去世以后，太子在朝中缺了保护伞，就给了一帮奸佞之人以可乘之机。

汉武帝晚年喜好求仙问道，于是在长安城中聚集了一大批方士和神巫，以各自的旁门法术蛊惑人心。女巫们往来宫中，教宫中妃嫔美人自避灾难和将灾难转嫁于他人的办法，即在屋里埋上木人然后作法以达目的。由于这些妃嫔美人们相互妒忌，便成了某些人借机诬陷他人的有力武器，所谓的"巫蛊之祸"接连发生。武帝后期，这样的事情就发生了多起，后宫妃嫔、宫女以及受牵连的大臣，有数百人被处死。

令人意想不到的是这样的事情竟然还发生在太子刘据身上。某次武帝生病，江充趁机上奏，说其病因是巫蛊作祟，于是武帝就让江充负责治理巫蛊。江充与太子有矛盾，害怕武帝身故后，太子不容于他，就借机陷害。江充暗中使人将木人偷埋于太子府中，然后公开掘出，让太子有口难辩。太子情急之中杀了江充，又被诬为造反，遭到官兵的围捕，最后不得已而自杀。"巫蛊之祸"发展到了登峰造极的地步。

尽管后来汉武帝发现太子是被冤枉的，自己也很后悔，先作思子宫，又造了一座叫作"归来望思之台"的高台，借以寄托他对刘据和两个王孙的思念，但已无法挽回铸就的大错了。

面对连年战争的巨大消耗与国力疲敝的现实，武帝晚年也对自己的过失有所悔悟，于征和四年（前89年）下轮台罪己诏，其中云："朕即位以来，所为狂悖，使天下愁苦，不可追悔。自今事有伤害百姓，靡费天下者，悉罢之。"表达了对以前的政策和作为的深刻反省。

昭帝、宣帝时期，吏治清明，百姓安居乐业，社会经济逐渐恢复并日趋繁荣；强大的国力，保障了边地安全，出现了70余年边境无事的局面。这一阶段，史称"昭宣中兴"。

太子刘据自杀后，太子之位一直空悬。汉武帝临死前，欲立少子刘弗陵为太子，为了防止"子幼母壮"、外戚专权的事情发生，他借故处死了刘弗陵的生母钩弋夫人，以霍光、金日碑、上官桀、桑弘羊为托孤大臣，辅佐刘弗陵。

刘弗陵8岁即位，是为汉昭帝。由于昭帝年幼，一切军国大事由谨慎守成的霍光来辅佐。霍光"知时务之要，轻徭薄赋，与民休息"，逐渐扭转了武帝末年的衰败局面。但霍光专权，引起了上官桀和桑弘羊的不满，于是二人勾结燕王刘旦，诬陷霍光谋反，企图先除掉霍光，再以刘旦取代昭帝。昭帝虽年幼，却颇有主见，他果断支持霍光，由此而保住了帝位。刘旦等人阴谋败露，意欲发动武装政变，汉昭帝在霍光辅助下，先发制人，诛杀了桑弘羊、上官桀，逼刘旦自杀，成功粉碎了一场政变。

昭帝在位13年，为了缓和社会矛盾，恢复社会经济，采取了一系列措施。始元四年（前83年），颁布特赦令："辞讼在后二年（汉武帝后元二年）前，皆勿听治。"他多次减免百姓田租，免除荒年借给老百姓的种子和粮食，不再从民间征调马匹，也不向民间收取牲畜税等。元凤四年（前77年），昭帝行加冠礼，又免除两年口赋。始元六年（前81年），昭帝召集郡国贤良文学于长安，询问民间疾苦，力主罢盐铁、酒榷、均输官，以示节俭。这就是著名的盐铁会议。

元平元年（前74年），年仅21岁的汉昭帝不幸病逝，没有留下子嗣。霍光等人先拥立昌邑王刘贺继位。但刘贺是个典型的纨绔少年，在位27天内，就做了一系列荒唐之事。于是，霍光召集百官商议，立即废黜了刘贺，另立刘据之孙刘询继位，是为汉宣帝。刘询原名刘病已，是汉武帝刘彻的嫡曾孙，曾祖母是"一人霸天下"的卫子夫皇后。巫蛊之祸中，卫子夫和皇太子刘据自杀，刘据的子孙便丧失了皇统嗣位的资格，而刘询更是长期流落在民间，混迹于庶人平民之中。

宣帝自幼生活在民间，深知百姓疾苦、闾里奸邪和吏治得失，即位后非常重视吏治，尤其是地方官吏的选用。凡拜刺史、守、相，宣帝都亲自召见，询问治安之术，对其政清者辄以玺书勉励，给予褒扬。宣帝还很注意以刑名考核臣下。太子刘奭见宣帝所用文法吏多，以为持刑太深，建议重用儒生。宣帝训斥说："汉家自有制度，本以霸王道杂之，奈何纯任德教，用周政乎！"

另一方面，宣帝又废除了武帝时的多项酷法，并设置廷尉平4人，以慎刑狱。

宣帝为了鼓励生产，恢复了汉初轻徭薄赋的政策。为了抑制土地兼并，宣帝先后3次下诏把"赀百万者"的地方豪强迁徙到平陵、杜陵等地，将其土地或充为公田，或配给无地、少地的贫民。还把国家苑囿或郡国的公田借给少地或无地的贫民耕种，使他们尽可能地摆脱豪强的控制，重新成为国家的编户。他甫一即位，就立即免除了当年的租税。后又免除遭受旱灾、地震、疾病的地区3年的租赋。不久，又下令降低盐价，减免天下口钱和算赋钱，以减轻百姓负担。为减轻徭役，他采纳大司农中丞耿寿昌的建议，在三辅、弘农、河东、上党、太原等郡买粮，就近供给京师，此举减省关东一半以上漕卒。设劝农使，巡视全国，指导农业生产。在边郡设立常平仓，政府于丰年购进粮食储存，歉岁出存粮以稳定粮价，保障了边地安全，也减省了转输之劳。

对于学术文化，宣帝于甘露三年（前51年），诏萧望之、刘向、韦玄成、薛广德等儒生在长安未央宫北的石渠阁讲论五经异同，史称"石渠阁会议"。此后，增设博士至14人，对经学发展产生一系列影响。

与周边民族关系方面，神爵元年（前61年），派遣赵充国率军击败先零羌，羌人降者逾万。次年，羌人若零等率4000余人降汉，汉设金城属国以安置，挫败了羌人借助匈奴势力隔绝汉朝与西域往来的图谋。

神爵二年（前60年），匈奴日逐王先贤掸带领数万人投降汉朝，宣帝特派郑吉，发渠犁、龟兹诸国兵5万前往迎降，一直护送至京师长安。郑吉威震西域，官拜西域都护，授封安远侯。从此，匈奴的势力被逐出西域。郑吉置西域都护府于乌垒城，汉朝号令自此颁行于天山南北的辽阔西域。

三、西汉政权的覆亡

到了元帝、成帝时代，大土地所有制又发展起来，贵族、官僚、豪强竞相霸占土地，政府吏治腐败，导致农业生产秩序受到严重破坏，无数小农因土地兼并而破产。农民失去土地，沦为无业流民，为社会的稳定埋下了隐患。自元帝时，各地的群众暴动就此起彼伏。当政的皇帝均不成器：汉元帝优柔寡断、不辨是非，导致大权旁落、纲纪紊乱，国力由强盛迅速转向衰落；汉成帝耽于酒色，专宠赵飞燕、赵合德姐妹，听任外戚擅权弄权，罔顾国计民生，更使国家走向了危险境地。

赵飞燕，原名宜主，成帝刘骜的皇后、哀帝时的皇太后，她是中国历史上一位传奇美女，同时又是西汉末年的政治风云人物。《汉书》记述她的文字不多，但有关她的野史记载却不少。"环肥燕瘦"一词形容的即是她和杨玉环，赵飞燕属于瘦美型的女子，而杨玉环则属于丰满型的美女，故"环肥燕瘦"就是不同类型美女的代称。李白曾作诗云："一枝红艳露凝香，云雨巫山枉断肠。借问汉宫谁得似，可怜飞燕倚新妆。"以赵飞燕指代备受唐明皇恩宠的杨玉环。

赵飞燕出身卑微，初为宫中一婢女，被阳阿公主选去学歌舞。因其舞姿轻盈如燕飞凤舞，故人们习惯称其为"飞燕"。成帝喜欢游乐，在阳阿公主家见到了赵飞燕，立即为之倾倒，召其入宫，封为婕妤，极尽宠爱。

当时，宫中有一湾清水，叫作"太液池"，中间有一方小岛，叫瀛洲。成帝命人在上面筑起一座高40尺的台子，让赵飞燕身穿美丽透明的薄纱，在上面翩翩起舞，忽然一阵大风袭来，赵飞燕又薄又宽的衣袖随风飘舞，好像要随风飘去一般，成帝忙命人用力拉住赵飞燕的衣裙，这就是女性"留仙裙"的由来。自此以后，成帝怕大风真的把赵飞燕吹走，特意为她建造了一处名为"七宝避风台"的住所。不久，成帝立赵飞燕为后，赵飞燕之妹赵合德亦被立为昭仪，两姐妹受到专宠，但从未怀孕。她们害怕别的嫔妃怀孕生子，危及自己后位，就疯狂地摧残宫人。"生下者辄杀，堕胎无数"。当时，民间就流传着"燕飞来，啄皇孙"的童谣。

赵飞燕姐妹一改汉后宫简朴之风，奢华淫靡，史载"居昭阳舍，其中庭彤朱，而殿上髹漆，切皆铜沓黄金涂，白玉阶，壁带往往为黄金釭，函蓝田璧，明珠、翠羽饰之，自后宫未尝有焉"。

最大的问题是成帝之死。成帝不幸死在被称为"温柔乡"的赵合德床上，朝野震动，赵合德便成了替罪羊，成了群臣声讨的赵氏祸水。赵合德在巨大的压力下，知其难逃一死，便自杀了。成帝死后，由定陶王刘欣即位，即汉哀帝，赵飞燕被尊为太后。哀帝举措无常，纵欲无度，没过几年又死了。之后，年仅3岁的刘衎即位，为汉平帝。权臣王莽以"前皇太后与昭仪俱侍帷幄，姊弟专宠锢寝，执贼乱之谋，残灭继嗣以危宗庙，悖天犯祖，无为天下母之义"为由，贬赵飞燕为庶人。此时的西汉王朝，外戚宦官竞相专权，官场腐败愈演愈烈，大厦之将倾已近在眼前。

平心而论，赵飞燕、赵合德姐妹，一生并没有干预朝政，也没有陷害过忠臣良将。最多只是在宫斗中因妒生恨，曾对怀有身孕的宫妃下过毒手，这是怕其为皇帝生了儿女出现母因子贵，自己反而失宠。历史上不知多少宫中女子的身份变化，即缘于此。从这点上说，赵氏姐妹想巩固自己受皇帝专宠的地位，就做出这种不计后果的疯狂举动，确实应当受到谴责和挞伐，但一味斥之为红颜祸水以洗刷皇帝的责任，则是有失公允的。辽道宗皇后萧观音赋诗云："宫中只数赵家妆，败雨残云误汉王。惟有知情一片月，曾窥飞燕入昭阳。"从女人的角度给予赵氏姐妹以深深的同情。而真正的误国者，实际是那一个个极尽奢华、懈怠朝政、沉溺酒色的皇帝。正是这样的皇帝给了奸臣贼子擅权乱国的机会，也把人民逼上了反抗之路。历史上的改朝换代多是在这种情况下发生的。

西汉末年，土地兼并到了失控的状态，失去土地的流民队伍日益壮大，逐渐成为当时最严重的社会问题。阶级矛盾不断激化，西汉王朝的统治危机日益加深。哀帝、平帝年间，大大小小的农民暴动此起彼伏，连三辅京畿地区也不例外，甚至有人放火烧了汉武帝茂陵。在京城百姓人人自危的一片混乱中，王莽代汉称帝，宣告了西汉王朝的覆亡。

王莽，字巨君，魏郡元城（今河北大名东）人，是西汉外戚王氏家族的成员。王氏是当时权倾朝野的外戚家族，王家先后有9人封侯，5人担任大司马，其显贵于此可见一斑。朝中官员，从将军到列侯，多是王氏子弟。王莽初时好像对这些都不太上心，作为元皇后的侄儿，他能独守清静，生活简朴，为人谦恭，虚心好学，曾师从沛郡陈参学习《论语》。他在家中能孝敬母亲，尽心抚育兄长的遗子，侍奉诸位叔伯也十分周到；在外则广泛结交社会贤达，一时成为人人称颂的道德楷模，在朝野享有盛名。

王凤时为大司马，他生了病，王莽以子侄名义一连数月侍候在侧，没有丝毫懈怠。王凤临死时，把王莽托付于皇太后和成帝。王莽开始被任命为黄门郎，不久迁射声校尉。永始元年（前16年）王莽被封为新都侯，食邑1500户，擢升骑都尉及光禄大夫、侍中。

大司马王根退休，推荐王莽接替自己成了三公之一的大司马，这一年王莽才38岁。王莽任大司马后，克己不倦，招聘贤良，所受赏赐邑钱都用来周济名士，自己在生活上则更加节俭。次年，成帝去世。因为成帝没有留下子嗣，元帝之孙、定陶恭王之子刘欣被拥立为皇帝，是为汉哀帝。哀帝即位后，王莽曾一度赋闲在家，不少在朝官员为王莽请命，要求他复出。哀帝又诏令王莽复出。

元寿二年（前1年），哀帝去世，也未留下子嗣。皇太后王政君听说皇帝驾崩，当天就起驾到未央宫，收回传国玉玺。皇太后下诏，要求朝中公卿推举大司马人选，群臣会意，纷纷举荐王莽。于是皇太后下诏，授命王莽为大司马，录尚书事，然后由王莽主持立嗣事宜。在王莽的建议下，中山孝王之子刘衎被拥立为皇帝，是为汉平帝。太皇太后临朝，大司马王莽总理政务，至此，西汉王朝的大权已掌握在王莽手中。

此时西汉王朝的社会矛盾已空前激化，王莽被朝野视为能力挽危局的不二人选，甚至被看成是"周公在世"。公元6年，平帝因病而逝，王莽为了避免年长的新皇帝登基，使自己不能任意操纵政局，又拥立年仅2岁的刘婴为皇太子，太皇太后王政君命王莽暂代天子理政，称"假皇帝"或"摄皇帝"，开始了王莽的准皇帝时代。公元9年，王莽代汉而立，国号"新"，建元"始建国"，宣布全面推行新政，史称"王莽改制"。

王莽信奉儒家思想，他认为国家要恢复到孔子所宣称的"礼崩乐坏"前的礼治时代，才可能实现政通人和。因此，王莽把西周作为一个理想化的完美时代，其改革的措施和内容均是以恢复周制为目标，以周礼作为规范国家秩序的重要理念，来实现建立新朝的国家设计。其具体作为与结果如下：

一、不切实际地废除了五铢钱，盲目推行各种新币制，使货币的流通和信用受到了严重的削弱，也使新朝的财政陷于瘫痪。王莽的币制改革本意是削弱豪强大族的经济实力，但由于币制复杂混乱，导致民间交易难以进行，造成了民间物价的不稳定。而且每一次改制所造出的新币分量与大小都在缩水，面额却越来越高，在很大程度上损害了普通民众的利益。

二、以"王田制"为名恢复井田制，虽然一定程度上有利于抑制汉末土地兼并带来的危机，但损害了大地主豪强的利益，使他们开始产生不满。由于没有将政策贯彻到底的切实措施，地主豪强并不愿意把多余的土地交出来，朝廷没有足够的土地分给应该受田的无地、少地农民，长此以往，农民对新政权也失去了信心。始建国四年（12年），王莽在朝野的压力下，不得不宣布恢复土地自由买卖，田制改革宣告失败。

三、禁止买卖奴婢而没有改变奴婢的身份，也未获得广大民众支持。官僚地主不顾禁令从事奴婢买卖之事时有发生，被告发而处以重罪者不计其数，更引起了这些官僚地主的激烈反对。行之3年，王莽又恢复了原制度。此一改革亦中途夭折。

四、为抑制商人对农民的过度盘剥，制止民间高利贷，由国家管控物价，以建立比较平稳的市场秩序，于始建国二年（10年），王莽下诏实行五均六筦。所谓"五均"，即在长安、洛阳、邯郸、临淄、宛、成都等城市设五均司市师，管理市场。每个城市设交易丞5人，钱府丞1人。各个工商行业，向市中申报经营项目，由钱府按时征税。每季度的中月由司市官评定本地物价，称为"市平"。物价高于市平，司市官照市平出售；低于市平则听民买卖；五谷布帛等生活必需品滞销时，由司市官按本价收买。百姓因祭祀或丧葬无钱时，可向钱府借贷，不收利息，但要求应在10天或3个月内归还；因生产需要也可贷款，年利不超过十分之一。所谓"六筦"，是由国家对盐、铁、酒、铸钱、五均、赊贷实行管制，不许私人经营；国家掌控名山大泽的管理权，对进入其中从事渔猎采集者实行征税。

从五均六筦政策的内容看，如果认真推行是可以起到良好的社会效果的。但五均的前提是政府必须掌握相当数量的商品和货币，并且有强有力的管理手段。由于没有这两方面的条件，王莽唯依靠富商大贾来推行，反而给了他们搜刮百姓的机会，形成危害更大的官商垄断经营。国家实行盐铁专卖，对国家掌握财源有好处，但往往出现商品质次价高的现象，使广大人民群众利益受损。由国家控制名山大泽，在执行过程中也往往是给主管官吏增加了敲剥百姓的机会，反而让老百姓感到更为不便。最终，国家收入增加不多，老百姓的负担有增无减，商人和手工业者的正当经营受到打击，形成多方受损的不利局面。

五、王莽为推动其维新事业，掀起了空前绝后的改名运动，无论地名、官名、建筑名，几乎都进行了更改，而且任意调整行政区划和行政部门的职权。甚至有些名称是一改再改，竟有改名多达5次的现象，最后又改回原名，这不是瞎折腾吗？频繁地改名给正常的行政工作和百姓的日常生活带来极大的麻烦，也着实让大家从心理上感到厌恶。

王莽是一位具备秀才气质的政治家，也是一位理想主义者。他的改革理论与实践，都与社会现实严重脱节。这一切，都注定了他的改革必然归于失败。明人夏言在《申议天地分祭疏》中云："用《周礼》误天下者，王莽、刘歆、苏绰、王安石也。"近人胡适则不无遗憾地说："王莽是中国第一位社会主义者。"他认同王莽改革中的土地国有、均产、废奴三大政策；同时，胡适认为："王莽受了一千九百年的冤枉，至今还没有公平的论定。他的贵本家王安石受一时的唾骂，却早已有人替他申冤了。然而王莽却是一个大政治家，他的魄力和手腕远在王安石之上……可怜这样一个勤勤恳恳，生性'不能无为'，要'均众庶，抑并兼'的人，到末了竟死在斩台上……竟没有人替他说一句公平的话。"但客观来讲，不能有意替谁说话，因为如此则主观性太强，无疑会失之偏颇，还是要把王莽的作为放在具体的历史条件下，看其对社会与历史的贡献，看其给人民带来的是祸与福，如此，是非功过就容易判断了。

西汉末年的社会危机，以及王莽改制所产生的社会混乱，外加连年的天灾，逼得农民走投无路，纷纷举行起义。在各路起义军的不断整合中，最后形成赤眉和绿林两支势力最强大的队伍。

公元18年，樊崇在今山东半岛的莒县一带发动起义，起义军转战于泰山一带，给王莽政权以沉重打击，队伍很快就发展到数万人。起义军制定了简单严明的纪律，规定谁杀死老百姓就要被处死，谁伤害老百姓就要受到相应的处罚，深得广大百姓的拥护。公元22年，王莽派遣太师王匡和将军廉丹率领10万大军去镇压樊崇起义军。为了避免起义兵士跟王莽的军队混杂，樊崇起义军都在自己的眉毛上涂上红颜色，作为识别的记号。这样，樊崇的起义军得了一个别名——赤眉军。

公元17年，南方荆州（以今湖北、湖南为中心的地区）闹饥荒，老百姓不得不到沼泽地区挖野荸荠充饥。人多而野荸荠少，引起了争斗。王匡（与王莽太师同名）、王凤二人在当地颇有名望，就出来调解，受到饥民的拥护。王匡、王凤就把这批饥民组织起来起义，还有一些逃亡的犯人也来投奔他们。他们占据绿林山（今湖北大洪山）作为根据地，很快发展壮大起来，被称为"绿林军"。

地皇三年（22年），绿林山一带发生瘟疫，起义将士病死很多。起义军分两路向外转移：一支由王匡、王凤、马武率领，向北进入南阳郡，称"新市兵"；一支由王常、成丹率领，向西南进入南郡，号称"下江兵"。七月，新市兵与陈牧率领的平林（今湖北随州东北）军合兵一处，声势愈振。西汉皇族后裔刘玄也投奔于陈牧麾下，担任陈牧的安集掾。当时，刘玄族弟刘秀、刘缤也在舂陵起兵，与各部合兵作战。

地皇四年（23年），绿林军在重创新莽的南阳守军之后，在宛（今河南南阳）拥立刘玄即皇帝位，建年号为"更始"，史称"更始帝"。其后，绿林军在昆阳（今河南叶县）击溃王莽的精锐主力，取得昆阳大捷，反莽声势大振。绿林军分两路讨伐王莽，一路由统帅王匡率领，进军洛阳，一路由西屏大将军申屠健、李松率领，西叩武关。王莽慌忙拜九将军应战，却在华阴一线一败涂地，只好退保京师。

此时，关中各地也纷起反莽。形势越来越严峻，长安已处于重重包围之中，王莽遣使赦免狱中囚徒，并发给兵器，直接派往前线与起义军作战。但这些临时拼凑起来的乌合之众渡过渭桥，便四散逃命了。十月一日，起义军攻入长安宣平门，与王莽的守城部队决战。至黄昏，城中官员逃跑一空，起义军占领京城。次日，京中少年与起义军会合，放火焚烧宫门，并用利斧劈开敬德殿小门，大呼："反虏王莽，何不出降？"宫中妇孺吓得东逃西窜。第三日一早，群臣将王莽扶出前殿，出西白虎门，乘车逃往渐台，妄想凭借池水苟延性命。起义军很快便追至渐台，双方短兵相接，在肉搏战中，商人杜吴趁机杀死了王莽。

更始二年（24年），刘玄由洛阳来到长安，从此，绿林军建立的更始政权便成为全国政治中心。更始政权也采取了与新莽王朝不同的政策和措施，新任命的官员多是出身卑微的绿林将帅，但他们进入长安城后很快腐化，刘玄日夜与妇人饮宴，不过问政事，只是派侍中坐帐中代答奏章。接着，他又先后杀害了农民起义军将领申屠健、陈牧、成丹等人。更始政权的所作所为，令天下百姓大失所望，四方怨叛再起。此时，曾在洛阳归附刘玄的樊崇赤眉军，因不满更始政权的腐化，遂由樊崇、徐宣分兵两路进军关中。

公元25年，两军会师弘农，连战皆捷，黄河以南的绿林军全线崩溃。赤眉军乘机扩编，万人组成一营，共30营，势力迅速壮大。赤眉军进军至郑（今陕西华县）时，拥立西汉景王后裔15岁的刘盆子为帝，以徐宣为丞相，樊崇为御史大夫，并设坛举行登基大典，一个取代更始的新政权又产生了。这时，更始政权内部也矛盾重重，意见不一。原绿林起义军的部分将领公开反对刘玄。赤眉大军行进至高陵，与更始叛将张印等联合，共攻长安。九月，赤眉军攻入长安城。更始帝刘玄仓皇逃离，并派人向赤眉军请降，赤眉军趁机杀了刘玄，更始政权随之结束。

赤眉军进入长安之初，能严明纪律，不随意侵犯百姓，长安附近治安良好，以前因躲避战乱逃跑的长安市民纷纷回来，一时间"市里且满"，但农民军政权还是缺乏管理国家的经验，加之最易腐化堕落，就注定了其政权难以持续。在长安的赤眉政权不久便遇到了粮食不足的问题。建武二年（26年），长安城粮食严重缺乏，起义军决定退出长安，向西北安定（治今宁夏固原）、北地（治今甘肃庆阳西北）一带转移。进军途中，又遭隗嚣的袭击，适逢大雪，不得已撤军东返。此时赤眉军势力已较前大减，而长安又被刘秀的部属邓禹所占，经过一番激战，赤眉军打败了邓禹，重新占领长安。但长安城长期缺少粮食，令赤眉军无计可施，只得第二次被迫撤离长安，向关东地区转移。

这时活动在关东地区的刘秀武装势力已经坐大，成为一支争夺天下的重要力量。当赤眉军东出至今河南宜阳一带时，遭遇到刘秀军队的突袭和包围，赤眉军战败，樊崇等主要将领被俘。曾强大一时的赤眉军，就此土崩瓦解。

绿林、赤眉起义虽然最终失败了，但在中国大地上纵横驰骋、转战南北10余年，并推翻了新莽政权，具有不可磨灭的历史功绩。

四、东汉时期的长安

南阳人刘秀趁汉末农民起义之机建立了自己的武装，并逐渐窃取了农民起义的胜利果实。公元25年，刘秀在河北鄗县（今河北柏乡北）自立为皇帝，宣布定都洛阳，是为东汉政权。之后，刘秀先打败了当时势力最大的赤眉军，再逐步削平各路武装，完成了统一大业。东汉都洛阳，随着国都的东迁，关中地区的政治、经济、文化中心地位迅速衰落。西汉时期的三辅（京兆尹、左冯翊、右扶风）地区，是当时全国人口最稠密的地区，人口数最高可达240万。经过两汉之际的战争，至东汉光武之初，人口已锐减至50万。村落丘墟，经济凋敝，满目疮痍，一片破败景象。

东汉初年，刘秀削平割据陇西的隗嚣势力后，根据当地羌汉杂居的情况，恢复了西汉时的护羌校尉，管理羌族诸部。此后，羌人陆续东迁，迅即遍布整个三辅地区。

永初元年（107年），东汉政府征发金城（治今青海民和南）、陇西（治今甘肃临洮南）、汉阳（治今甘肃甘谷东南）等郡羌人，出征西域。羌人不愿远戍，东汉官吏肆行暴虐，羌人被迫起而反抗。朝廷派邓骘、任尚率军镇压，与先零羌部战于平襄（今甘肃通渭西北），屡遭败绩。公元108年，先零羌首领滇零称帝，派兵东入三辅，南攻汉中。散居内地久受压迫的羌人纷纷起兵响应，三辅、汉中地区一片混乱。

东汉朝廷急忙调集军队，开赴关中，镇压起义。朝廷军在武功、美阳（今陕西武功西北）等地与羌人激战，羌人势力受挫，关中的乱局暂时被平息了下去。

永初四年（110年），先零羌进攻褒中（今陕西汉中西北），朝廷军大败，死伤3000余人。次年，羌人攻入河东地区，逼近洛阳，京师震动。直到元初四年（117年），这次羌人起义才被镇压下去。

此后过了10多年，至汉顺帝永和四年（139年），羌人又掀起了第二次大起义。羌族且冻、傅难等部率先发难，与西塞、湟中地区的羌部联合，向武都、金城、三辅等地发起了进攻。东汉朝廷以马贤为征西将军，率10万大军，前往镇压。朝廷军在射姑山遭受惨败，马贤战死，羌人的声势愈加壮大。东汉朝廷一时无奈，只好先采取迁民措施，将安定、北地一带的居民向内地迁移。同时派遣军队在三辅地区重点据守，使三辅地区成为抵御羌族的前沿阵地。此后，东汉采取分化招降的办法，渐渐平息了这次起义。

到了桓帝延熹二年（159年），羌人掀起了第三次反抗东汉统治的浪潮。为反抗郡县官吏的暴虐行径，羌人的烧当、烧何、勒姐等部率先发动起义，战争很快波及三辅地区，护羌校尉段颎对羌人进行了血腥镇压。延熹四年（161年），零吾、先零羌再度进攻三辅，此时的段颎因故下狱，皇甫规奉命征讨，击败零吾羌，招降先零羌10万余人。

延熹六年（163年），段颎复任护羌校尉，继续镇压羌人的反抗活动。至永康元年（167年），西羌各部相继被镇压。

羌人的3次大规模起义，严重地扰乱了三辅地区的社会秩序。东汉统治者在镇压羌人起义的同时，又大量迁徙边民充实三辅地区，使三辅地区人口有所增长，但始终未达到西汉时的水平。

而接下来发生的董卓之乱更对长安城造成了惊人的破坏。

东汉末年，张角等人以"苍天已死，黄天当立。岁在甲子，天下大吉"为号召，发动了农民起义。起义军给东汉政权以沉重打击，很快动摇了东汉政权的统治基础，但同时又形成地方军阀蜂起的局面，全国处于分裂割据的混乱状态。公元189年，汉灵帝死，少帝刘辩即位，大权操持于大将军何进之手。何进为诛杀宦官势力，密诏并州牧董卓进京勤王，何进部下袁绍以董卓为外援，率领禁军一举诛杀宦官2000多人，剪除了宦官势力。但此举却引入了董卓势力，正所谓"前门拒虎后门进狼"，政府危机并没有减轻。

董卓，字仲颖，陇西临洮（今甘肃岷县）人。"少好侠，尝游羌中"，"性粗猛有谋"，原本屯兵凉州，受大将军何进之召率军进京，旋即掌控朝中大权。废黜少帝，杀何太后，立陈留王刘协为汉献帝。董卓也晋升为太尉领前将军事，更封为郿侯，进位相国。

董卓专横跋扈，虐刑滥罚，以致人心恐慌，内外官僚朝不保夕，故反对董卓的声音一浪高过一浪。于是，全国公推袁绍为盟主，兴讨伐之师，共讨董卓。献帝初平元年（190年），讨伐之师从三面包围京师洛阳，董卓挟持献帝西逃长安。西逃时，他把洛阳的财货珠宝、文物图书劫掠一空，并焚烧宫庙、官府和居家，胁迫洛阳几百万居民一起西行，从而使洛阳周围"二百里内无复孑遗"。

到长安后，董卓更加肆意妄为，强迫献帝封其为太师，地位在诸侯王之上，车服仪饰拟于天子。他拔擢亲信，广树党羽，宗族内外并居列位，子孙虽年幼，男皆封侯，女为邑君。又筑坞于郿（今陕西眉县东渭水北），号称"万岁坞"。据说坞内存放积攒的谷物可用30年。董卓自夸："事成，雄踞天下；不成，守足以毕老。"董卓执政期间，法令以严酷著称，鼓励相互告发，致使长安冤狱遍地，又滥发货币，聚敛财富，通货膨胀，更使民怨沸腾。民谣曰："千里草，何青青；十日卜，不得生。"这时，司徒王允决计为国除害，他设下了一个计谋，即利用猛将吕布诛杀董卓。

献帝初平三年（192年）某一天，吕布派遣10余名亲兵乔装卫士守卫北掖门，等待从此经过的董卓。董卓刚行至掖门，乔装的卫士即执戟刺向董卓，董卓臂部受伤，大叫："吕布安在？"吕布亮出讨贼诏书，遂杀董卓。

董卓死后，暴尸东市，守尸吏把点燃的油灯捻插入董卓的肚脐眼中燃烧，是谓"点天灯"。董卓肥胖脂厚，天灯竟多日不灭。董卓得到了应有的下场，长安城内一片欢腾，人们奔走相庆。朝廷又派人从眉坞城搜出藏金二三万斤、银八九万斤，绸缎珍奇堆积如山。这些都是董卓搜刮民脂民膏的罪恶大暴露。董卓因此而声名狼藉，史书说他"狼戾贼忍，暴虐不仁，自书契已来，殆未之有也"。苏东坡亦感慨地说："衣中甲厚行何惧，坞里金多退足凭。毕竟英雄谁得似，脐脂自照不须灯。"

董卓虽然死了，但他对长安城的破坏则是惊人的，而更令人痛惜的是其部将李傕、郭汜以复仇为名，攻入长安，杀王允，驱吕布，纵兵对长安进行了毁灭性的破坏。长安城内"死者枕藉"，原有数十万人口，此时竟然"城空四十余日"，"二三年间，关中无复人迹"。毫无疑问，这一场兵乱不仅彻底摧毁了长安城，也摧毁了东汉王朝。汉献帝被曹操挟持去了许都（今河南许昌东），成为傀儡，预示着更大的不幸还在后面。

第四章 两汉对匈政策的演变

　　匈奴是两汉时期北方边境的主要外来压力。匈奴兴起于公元前3世纪，是生活在北方草原上的游牧民族。秦始皇时期，匈奴就不断南侵，逾阴山，过黄河，进驻河套地区。为了抵御匈奴，秦始皇派蒙恬率领30万大军北击匈奴，使其远遁漠北，秦军收复河南地，并因山筑城，因河为塞，以御匈奴。秦汉之际，中原逐鹿，无暇北顾，强大的匈奴势力又活跃起来。于是，长城脚下与河套之地又成了匈奴的势力范围。西汉建立，中原战火刚刚平息，就传来北方匈奴入边的警报，使西汉统治者认识到匈奴的巨大威胁。

一、汉高祖定和亲之策

　　西汉初年，中原大地经历了反秦战争与楚汉战争对社会经济的破坏，生灵涂炭，人口锐减，土地荒芜，满目疮痍，国力已非常疲敝。皇帝的马车配不齐4匹毛色一致的马，将相或用牛车，便是当时物质资源极度缺乏的写照。百废待兴，是汉初所面临的主要局面。西汉统治者也清楚地认识到这一点，便采用黄老无为而治之术，休养生息，以恢复社会生产和经济民生。

　　与此同时，北方匈奴却逐渐发展强大起来。匈奴单于是一个非常强势的民族领袖，他训练出了一支强大的草原骑兵，并以其军事优势，东破东胡，西击月氏，定楼兰、乌孙、呼揭等西域诸国，北服荤粥、屈射、丁零，南并楼烦王、白羊王，建立起了一个疆域辽阔的匈奴帝国。随之，他又把目标转向刚刚建立的西汉政权，不时派兵南下骚扰。

汉高祖六年（前201年），匈奴大举南下，并深入代地，进而包围了韩王信所驻守的马邑城。韩王信私下里数次派遣使者赴匈奴求和，遂使高祖疑其有二心，便派人送去书信，责备韩王信御敌不力。韩王信心中恐惧，就投降了匈奴，并与匈奴共谋攻汉。高祖七年（前200年）冬季，刘邦亲率32万大军北上迎击匈奴，同时镇压韩王信的叛乱。先在铜鞮（今山西沁县）告捷，遂乘胜追击，追至楼烦（今山西宁武）一带。时值寒冬天气，天降大雪，刘邦不顾劝阻，轻敌冒进，直追至代郡平城，结果中了匈奴诱兵之计。汉军被冒顿40万大军围困于平城白登山，相持7天7夜而无法解围，汉军饥寒交迫，危在旦夕。这时，陈平献计，向冒顿单于宠爱的阏氏行贿，阏氏收到汉方的金银珠宝，对冒顿单于说："军中得到消息说，汉朝有几十万大军前来救援，一两天就能赶到。"单于问："有这样的事？"阏氏回答说："汉、匈两主不应该互相逼迫得太厉害，现在汉朝皇帝被困在山上，汉人怎么肯就此罢休，自然会拼命相救。就算你打败了汉人，夺取了他们的城地，也可能会因水土不服，无法长住。万一灭不了汉帝，等救兵一到，内外夹攻，那样我们就不能共享安乐了。"冒顿单于问："那怎么办呢？"阏氏说："汉帝被围了7天，军中没有什么慌乱，想必是有神灵在相助，虽有危险但最终会平安无事的。你又何必违背天命，非得将他赶尽杀绝呢？不如放他一条生路，以免以后有什么灾难降临到咱们头上。"

冒顿单于本来与韩王信的部下王黄、赵利约定了会师的日期，但他们的军队没有按时前来，冒顿单于怀疑他们同汉军有勾结，就采纳了阏氏的建议，打开包围圈的一角，让汉军撤出。汉高祖刘邦得以脱险。

白登之围后，刘邦认识到仅以武力手段解决与匈奴的争端不可取。此时，娄敬建言道："天下刚刚平定，将士打了多年的仗，现已疲惫不堪，故对匈奴不可能以武力征服。冒顿杀父自立为单于，又尽收其父的妻妾为妃，他凭的都是武力，怎能用仁义道德说服呢？独可谋划久远的办法，就是让其子孙代代臣服于汉，但恐陛下做不到。"刘邦说："如果可行，怎么不能做呢！请问是什么办法？"娄敬又说："如果陛下能把皇后生的大公主嫁给冒顿做妻子，并送上厚礼，冒顿必以公主为阏氏，生下的儿子就是太子，未来的单于。陛下在一年之中，针对匈奴所缺而将汉朝富余之物多次相送，再由能言善辩的使者逐渐把中原的礼节灌输给单于。冒顿在世，他是您的女婿；他死了，您的外孙就是单于。哪里听说过外孙敢同外祖父分庭抗礼的事呢？不用战争，便使匈奴逐渐臣服了。"刘邦听后觉得有理，便采纳了他的建议。但吕后听说要把她唯一的女儿鲁元公主远嫁匈奴，坚决不同意。刘邦只好选了一位宗室女子封为公主，许嫁于单于，又派娄敬为和亲使者前往匈奴，与匈奴联姻结好，并订立盟约。

这种韬光养晦的政治联姻，究其实，还是孝文化的延伸。此后，和亲在很长一段时间内成为汉朝对外的基本国策。汉初60余年，惠帝、文帝、景帝又先后许嫁多位汉室公主于匈奴单于，每年赠送匈奴大量财物，与匈奴约为兄弟之盟。虽然匈奴反复背信，用骚扰边境的方式要挟汉朝，然和亲政策毕竟为汉匈关系的缓和发挥了积极的作用，为汉初社会经济恢复发展赢得了时间。

二、汉武帝反击匈奴

汉武帝时期，经过汉初60余年的努力经营和财富积累，彻底改变了汉初国力凋敝的状况，出现了由文景之治而形成的家给人足的全面富裕盛况。国家在人力、物力、财力、兵力等方面都具备了可资利用的强大资源。于是，汉武帝一改高祖以来的对匈奴妥协退让以委曲求全的政策，采取了坚决抗击匈奴以彻底消除边患的强硬政策。

元光元年（前134年），匈奴派使者向汉武帝请求和亲。汉武帝命群臣商议对策。官居大行令的王恢以匈奴频频背约犯边为由，建议汉武帝拒绝和亲，揭开了汉武帝时期反击匈奴的序幕。第二年，马邑（今山西朔州）有个商人聂壹和王恢联合献策，欲假意献马邑给单于，以大军伏击单于。汉武帝欲依计行事，准备对匈奴展开一次大规模的伏击战。不料守卫烽火台的亭尉向匈奴单于透露了汉军的包围计划，致使匈奴军未进入包围圈就撤退了。这次军事行动，汉军虽未能达到破敌目的，却从此点燃了汉匈之间持续40余年的战火。之后的汉朝，不再是针对匈奴犯塞寇边而被动御敌，而是主动向匈奴发起进攻，以消灭匈奴的有生力量。在此期间，汉武帝果断任命名将卫青、霍去病、李广等人统率汉军，分数路多次深入敌境，寻找匈奴军事势力进行决战。据统计，汉武帝时期，双方大小战役15次，其中较大规模的战争有6次，6次战争汉军均获大胜，最终彻底打败了匈奴。

元朔元年（前128年）秋，匈奴发两万骑兵侵入辽西（今河北卢龙东）、渔阳（今北京密云西南），围攻将军韩安国，韩安国部下1000多骑兵几乎全军覆没。匈奴本部兵攻入雁门郡（今山西右玉南），打败雁门都尉，杀掠千余人。汉武帝遣将军卫青出雁门，将军李息出代郡以声援渔阳，匈奴败绩，汉军斩虏首数千而还。

元朔二年（前127年）春，匈奴大军再次侵入上谷（今河北怀来东南）、渔阳，汉军为巩固长安，决定以主力打击匈奴右部，并采取迂回作战方针，在匈奴入侵上谷、渔阳之际，遣将军卫青、李息率军出云中（今内蒙古托克托），进攻久为匈奴盘踞的河南地（黄河河套地区），围攻匈奴右部楼烦王和白羊王，获首虏5000余

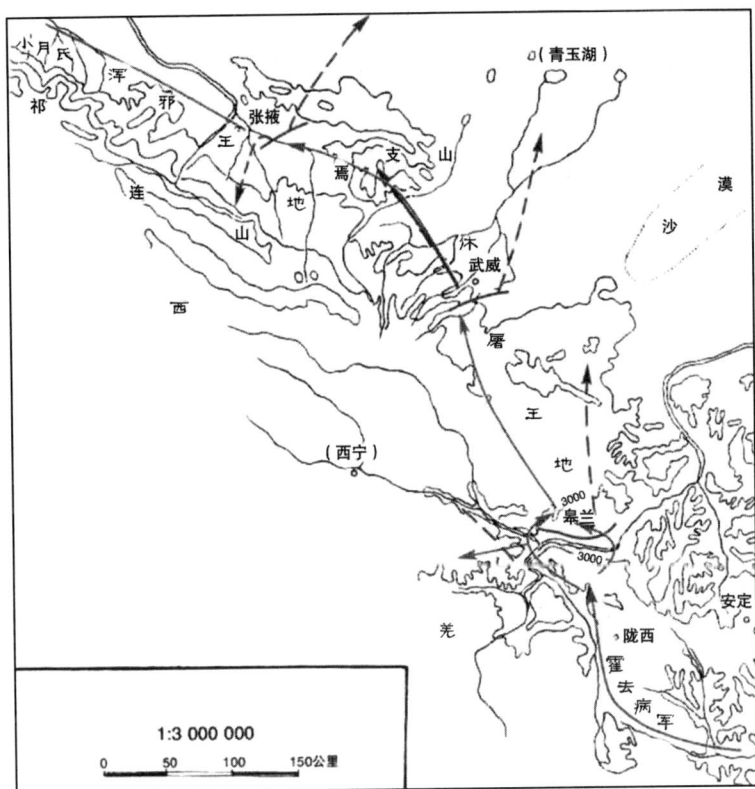

霍去病打通河西走廊作战经过图

级，牛羊百余万头。此役收复了秦蒙恬所置河南地，汉随之在此设置朔方（今内蒙古乌拉特前旗南黄河南岸）、五原郡（今内蒙古包头西北），从内地迁徙10万人于此以实边，还修复了秦时蒙恬所筑的边塞和沿河的防御工事。这样，不但解除了匈奴骑兵对长安的直接威胁，也建立起了进一步反击匈奴的前方基地。

元朔五年（前124年）春，汉分兵三路出击匈奴，车骑将军卫青率领3万骑兵出高阙，游击将军苏建、强弩将军李沮等出朔方，大行李息出右北平。其中卫青一路大获全胜，共俘虏右贤王部下副将10余人、部众1.5万余人、牲畜数十百万头，给匈奴以重创。卫青因功拜大将军。

元朔六年（前123年）二月，大将军卫青率大军出定襄击匈奴，杀伤并俘获敌人1万余人。这次战争中，最出彩的是18岁的少年将领霍去病，他带领八百骑兵，在大漠中长途奔驰，突袭匈奴，斩首与俘虏共计2028人，杀匈奴单于叔祖1人，俘虏单于叔父1人，因功受封"冠军侯"。

元狩二年（前121年）春，骠骑将军霍去病出兵陇西（治今甘肃临洮），过焉支山，讨伐匈奴右部。此战杀匈奴二王，俘浑邪王子及其相国、都尉等，歼敌8900余人；同年夏天，霍去病又出兵北地，越居延海，过小月氏，进至祁连山，杀伤敌人3万余人，匈奴遭到毁灭性打击。匈奴浑邪王率众4万人降汉，汉收复了与西域相联系的河西走廊地区，并设河西四郡以镇守之。

元狩四年（前119年）春，大将军卫青、骠骑将军霍去病各率精锐骑兵5万人，分东、西两路出击匈奴。汉军连战皆捷。卫青所部追击匈奴至寘颜山赵信城，杀伤匈奴1.9万余人。霍去病所部进入漠北2000余里，追击匈奴至狼居胥山（今蒙古乌兰巴托以东），杀伤匈奴7万余人。两路大军共歼灭匈奴9万余人，匈奴左、右两部势力几乎全部被歼。从此"漠南无王庭"，危害汉朝百余年的匈奴边患至此得以解决。

武帝采取坚决反击匈奴的政策并取得对匈奴战争的胜利，一是得益于强大的国力基础，汉初经过60余年的休养生息，到武帝时期已经积累了丰厚的物质财富，成为战争供给的有力保障；二是得益于卫青、霍去病两位杰出将军高超的军事指挥艺术和作战能力，为战胜匈奴提供了人才保障。

卫青参加了西汉反击匈奴的7次战役，而且是每战必胜，杀敌与俘虏共计5万余人，收复了河南地。官拜大将军加大司马，受封共16300户；又荫封三子为侯。卫青的一生，经历了从家奴到将军的华丽转变，创造了人生辉煌，名垂青史。

霍去病17岁从军，18岁从大将军卫青出击匈奴，他采取轻骑深入的办法突袭敌人，一战就取得了斩首2000

余级的辉煌战果，展示出非凡的军事才能。霍去病主要参加了反击匈奴的最后3次大规模的战争，杀敌与获俘超过10万，收复了河西走廊地区，官拜骠骑将军加大司马，受封共15400户。武帝为了嘉奖霍去病抗击匈奴的功劳，在京城长安给他建造了一座府第，他不受，并说："匈奴不灭，无以家为也。"充分反映出了他的英雄豪迈气概。他不幸英年早逝，随葬于茂陵，为其置冢以像祁连山，以纪念他打败匈奴、收复河西走廊的丰功伟绩。

卫青、霍去病两位神勇无敌的将军，都是彪炳史册的民族英雄。

三、汉元帝重启和亲之策

　　汉武帝的文治武功，取得了对匈奴战争的伟大胜利，把匈奴残余势力赶到了漠北地区，解除了匈奴对汉北部边境地区的侵扰和对中原政权的威胁。但并没有彻底消灭匈奴势力，只是给予其重创或者说是致命打击。几十年以后，匈奴势力逐渐恢复，又成为一支不可小觑的军事力量，终于有一天，又可与中原王朝讨价还价了。如尚在武帝元鼎五年（前112年），西羌谋反，就曾联络匈奴为外援，匈奴也侵入五原地区（今内蒙古包头西北）以呼应。太初三年（前102年）秋，匈奴入侵张掖、酒泉，杀死汉都尉。匈奴希望以战逼和，重启和亲，让汉朝像以前那样臣服于匈奴。汉武帝并不反对和亲，但他要求的是匈奴必须臣属于汉，并送质子入侍。双方为此处于长期僵持之中。

宣帝朝，匈奴又频寇边境，杀掠边地民众。就在匈奴势力复张，又不断南侵之时，汉于本始二年（前72年）派出5位将军，率军10余万人，分五路讨伐匈奴。汉军出塞各2000余里，共计斩获匈奴3.9万余人、马牛羊等牲畜70余万匹（只），再加上逃逸的人口和死亡的牲畜，使匈奴损失惨重。然而不自量力的匈奴贵族，怨西域乌孙在这次战争中帮了汉朝的忙，壶衍鞮单于自将1万多名骑兵袭击乌孙，不料遭遇大雨雪天气，冻死的士卒不计其数，生还者不到十分之一。这时又有丁零羌趁机从北面进攻匈奴，乌桓攻其东面，乌孙追击于西面。匈奴再受重创，"人民死者十三，畜产十五"，匈奴势力更加空虚。地节二年（前68年），匈奴壶衍鞮单于去世，又引起内部五单于争立，战乱不休。呼韩邪单于为郅支单于所败，穷困之际，乃决计归汉，以求得汉王朝的支持。宣帝甘露元年（前53年），呼韩邪遣子右贤王入汉做"质子"。甘露三年（前51年），呼韩邪单于朝见宣帝于甘泉宫。宣帝对呼韩邪单于优礼有加，仪节高于其他藩国和诸侯王，又从经济和军事上给呼韩邪部以支持，使呼韩邪部得以保全和自立。也就是这一阶段，匈奴感到其实力还不足以威胁邻国与进行扩张，便多次重提和亲之事。

　　元帝时，呼韩邪单于在汉王朝的支持下，势力渐强，并可与郅支单于相抗衡，于是就回到了匈奴单于庭，成了匈奴的大单于。而郅支单于因杀汉朝使者，又自知有负于汉，亦觉得其势力已不敌呼韩邪，便向西发展，相继打败乌孙、乌揭、坚昆、丁零等部，势力达到中亚一带。位于中亚的康居（今巴尔喀什湖和咸海之间）因与乌孙互有争端，康居王便想联合郅支单于共讨乌孙，并迎郅支单于到康居。此消息传至西域都护府，都护甘延寿与副都护陈汤共同发兵讨伐郅支单于，并击杀郅支单于于康居。此时的匈奴呼韩邪单于已处于独大的地位。

元帝竟宁元年（前33年），呼韩邪单于入朝觐见元帝，元帝给予的待遇比宣帝时还要优厚。呼韩邪单于满载丝绸布帛等厚赐之物返回前，又向元帝提出了和亲的请求。元帝应允了他的请求，并从后宫选出一位名叫王昭君的待诏女子，赐封为公主，许嫁于呼韩邪单于。于此便有了历史上著名的"昭君出塞"的故事，这也是西汉与匈奴的最后一次和亲。

王昭君的故事凄婉而美丽，情节十分感人。昭君是南郡秭归（今湖北秭归）人，名嫱，字昭君。她在民间选秀中脱颖而出，被送入宫掖，成为一名待诏的宫女。元帝时，宫中形成了一种制度，即由画工给每一名待诏的宫女画肖像，然后皇帝依据画像在宫女中选择宠幸的对象。宫女们为了早日获得宠幸的机会，便纷纷贿赂画工毛延寿，希望把自己画得美丽一些。然昭君自恃美丽过人，不屑贿赂之事，毛延寿便在给她画像时做了手脚，没有如实画出其美貌，还故意在其脸上点了一个丧夫落泪痣，把昭君变成了一个不祥之人。于是，昭君就被打入了冷宫，成了皇帝不予宠幸之人。当昭君要嫁给匈奴单于，临行拜见元帝时，元帝见到昭君，一时惊为天人，被她的美丽深深打动，但后悔已来不及了，于是处死了毛延寿，以泄胸中之愤。昭君来到匈奴后，积极传播中原文化，把中原的农业生产技术教给匈奴人，在一定程度上解决了匈奴的粮食需求问题，维护了匈奴的社会稳定。昭君的更大贡献是维护了匈奴与汉王朝的长期和睦相处，之后的60余年间边地无战事。这样的和平环境，对于汉匈两国人民来说，都是期盼已久的。有人甚至认为，昭君出塞对汉匈之间和平的促成，其贡献不亚于汉武时卫青、霍去病的功绩。

但也要注意到这次和亲与以往之不同，即是与西汉前期和亲的不同。西汉前期多以宗室女子封为公主，担当和亲大任。而元帝时代的和亲则是选择了一位宫女替代公主，这位宫女和皇室没有一点血缘关系，反映了西汉皇室亦不需要担负必要的重大责任，同时也不会建立什么实质意义上的子婿关系或甥舅关系，这成为这一时期汉匈和亲的重要特点。

四、东汉时期汉匈战争

东汉立国之初,光武帝刘秀专注于中原地区的统一大业,一直对势力渐强的匈奴采取宽容忍让的态度。对匈奴来使,汉仍待之如初;然匈奴日益骄纵,匈奴单于对汉使的态度颇为傲慢,匈奴还不时对汉地进行劫掠。建武二十年(44年),匈奴曾入侵上党(治今山西长子西)、扶风(治今陕西兴平东南)、天水(治今甘肃通渭西)。次年,又入侵上谷(治今河北怀来南)、中山(治今河北定县)等地。西域地区更是早已落入匈奴之手。匈奴贵族势力的强大,又使之成为东汉政权的心腹之患。

建武二十四年(48年),匈奴因出现王位之争而发生内乱,相互残杀,并分裂为南、北二部。南部匈奴人拥立右奥鞬王比为单于,仍称"呼韩邪单于",

并于当年来到五原塞下，表示愿臣服于汉。东汉政府仿照西汉对待呼韩邪单于的先例，赐予黄金玺绶、冠带、衣服、车马、锦绣、缯絮等物，以及粟米2.5万斛，牛羊3.6万头等，作为经济支持，又为之建立新的单于王庭，使其居之。南匈奴的内附，无疑减轻了来自北面匈奴势力的压力。但此时北匈奴势力仍比较强，不时出兵骚扰缘边郡县，掳掠汉人和南匈奴人，东汉政府面临的麻烦还不小。

明帝时，东汉国力渐强，为恢复与西域各族的联系，明帝决定出兵讨伐北匈奴。永平十五年（72年），明帝起用曾生活于河西并随伯父窦融讨伐过隗嚣的窦固为奉车都尉；同时任命耿秉为驸马都尉，秦彭、耿忠为骑都尉，分别作为耿秉、窦固的副手，屯兵凉州，整军备战。次年，窦固等分兵四路征伐北匈奴。窦固军出酒泉，至天山东端（今新疆吐鲁番西），大败北匈奴呼衍王，斩首千余级，追至蒲类海（今新疆巴里坤湖），留军屯伊吾庐城（今新疆哈密）。时四路大军唯窦固、耿忠有功，受到朝廷表彰。窦固又派班超出使西域，西域诸国皆归附汉朝。永平十七年（74年），窦固率1.4万名汉军再出玉门，击败北匈奴车师王。

窦固不仅是一代名将，而且善于处理民族关系。他在与少数民族相处中，十分尊重其风俗习惯。《东观汉记》记载，羌胡待客，食肉于未熟，窦将军从其俗，与之共食之，其在边关数年，羌人服其恩信。之后，历任大鸿胪、光禄勋、卫尉等职。逝后，谥号"文侯"。

窦宪，字伯度，窦融的曾孙，章帝窦皇后的哥哥。章帝建初二年（77年），其妹被立为皇后，窦宪亦因之受到重用，寻即擢升为侍中、虎贲中郎将。和帝即位，窦宪妹妹窦太后临朝，窦宪参与机密，操纵朝政；其弟窦笃擢升虎贲中郎将，窦景、窦瑰并为中常侍。于是，兄弟四人皆位居要职。永元元年（89年），窦宪遣客刺杀太后幸臣，事败被囚于宫内；因惧被处死，自求讨伐北匈奴以赎死。适逢南匈奴单于请兵北伐，和帝乃拜窦宪为车骑将军，以执金吾耿秉为副，发北军五校、黎阳、雍营及缘边12郡骑士，各领4000骑，合南匈奴、乌桓、羌胡兵3万余出征。

窦宪遣精骑万余大破北匈奴于稽落山（今蒙古额布根山），北单于逃走。窦宪追击余部，出塞3000里，登燕然山（今蒙古杭爱山），刻石纪功，命中护军班固作铭，史称"燕然勒铭"。此役，窦宪以功擢拜大将军，位居三公之上。

和帝永元三年（91年），窦宪又遣左校尉耿夔等出居延塞，大败北匈奴于金微山（今阿尔泰山）。北单于被迫逃奔康居，后又西迁，北匈奴从此衰落。

窦宪北伐匈奴的胜利，引起了世界历史上最重要的一次民族大迁徙。北匈奴的西迁在北方草原上造成了巨

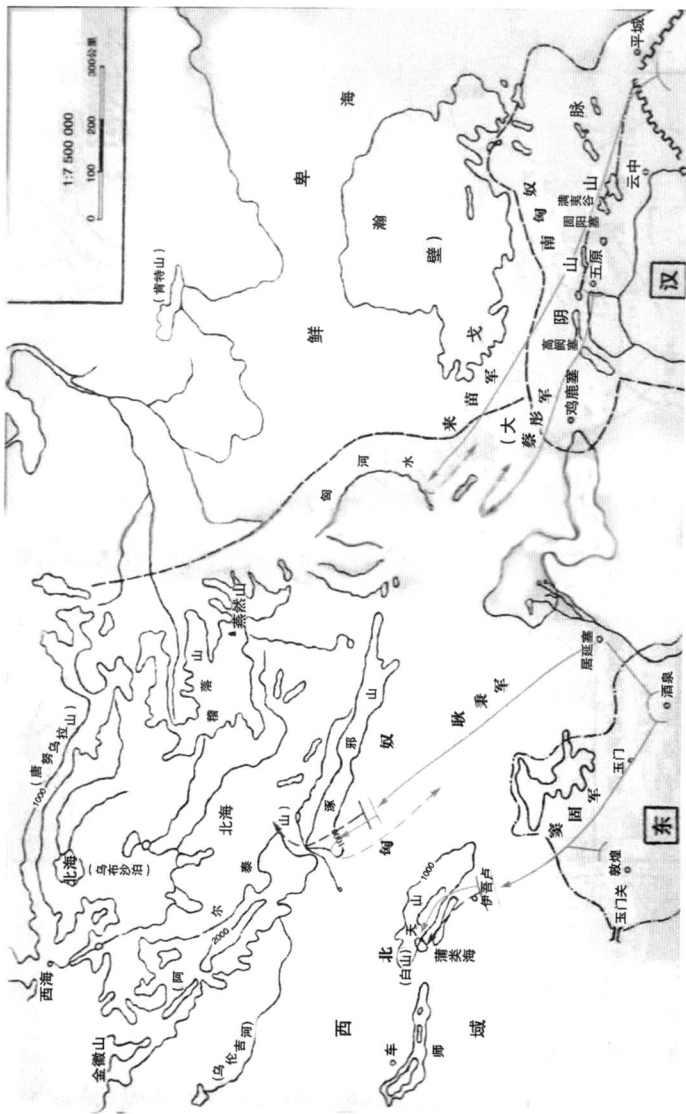

窦固征北匈奴之战经过图

大的权力真空，东面的鲜卑族便乘虚而入，成为草原的新主人。在鲜卑的压力下，南匈奴等又纷纷内迁，进入汉朝境内，成为日后"五胡之乱"的渊源。北匈奴的西迁又引起了一连串的连锁反应，波及欧洲多个国家，并导致了罗马帝国的瓦解。

窦宪少时曾是个顽劣少年，也曾有巧取豪夺甚至杀人等种种劣行，又以外戚上位，在古今文人眼中是外戚专权的祸首，因而备受贬斥，但他在抗击匈奴战争中的功绩，对东汉王朝的边境安全是有巨大贡献的，这一点应予以肯定。

在抗击匈奴中，耿秉、耿恭兄弟亦功勋卓著。

耿秉，字伯初，是耿弇之侄，身体强壮，腰带八围，而且博通书记，《后汉书·耿秉列传》中说他"能说司马兵法，尤好将帅之略"。他多次上书谈论兵事，认为"中国虚费，边陲不宁，其患专在匈奴。以战去战，盛王之道"。当时汉明帝也有意北伐匈奴，恢复与西域各族的联系，故很赞成耿秉的意见，于是授任耿秉为谒者仆射，时常在宫中，以资询问。耿秉与明帝论及边事，所言多称帝心。

永平十五年（72年），明帝擢耿秉为驸马都尉。永平十六年（73年）二月，明帝以骑都尉秦彭为耿秉副官，与奉车都尉窦固等共伐北匈奴。耿秉、秦彭入大漠600余里，至三木楼山，北匈奴闻讯而逃，耿秉与秦彭不战而还。

永平十七年（74年）十一月，耿秉与窦固率军1.4万余骑出玉门关（今甘肃敦煌西北）进军西域，于蒲类海（今新疆巴里坤湖）东南击败白山部，乘胜西进讨伐依附北匈奴之车师。车师国有后王、前王，前王即后王之子，二王相距500余里。窦固认为伐后王道路遥远，山大谷深，士卒奔波艰辛，便想先攻前王。耿秉则提议先攻后王，他认为只要打败后王，则前王不战也会降服。窦固犹豫不决，耿秉则请求打先锋。耿秉率兵北进，众军不得已，只好随之进发。耿秉挥军大败车师，斩首数千级，获马牛10余万。后王安得大为震恐，率数百骑迎接耿秉。此时窦固部属司马苏安想把功劳归于窦固，便急驰而至，对安得说："这次汉军的统帅是奉车都尉窦固，他是当朝皇帝的姐夫，受封为通侯，你应当先向他投降。"安得于是退回，让其部将去迎接耿秉。耿秉大怒，披甲上马，率其精骑直奔窦固军营，对窦固说："投降的车师王到现在还不前来，我请求去取他的首级。"窦固大惊，连忙阻止。耿秉厉声说："受降如受敌。"于是骑马向后王所在奔去。安得十分惶恐，脱帽抱马足而降。耿秉将安得押解到窦固帐前。随后，车师前王也前来请降，遂平定车师。东汉置西域都护及戊己校尉（官名，掌屯田，属西域都护）、宜禾都尉等，驻守西域，并屯田自养，逐渐恢复了对西域的控制。

章帝年间，耿秉为征西将军，受命巡察凉州边境，安抚羌人。建初元年（76年），拜耿秉为度辽将军，在位7年，匈奴深感其恩信。章和二年（88年），耿秉再受命为征西将军，与车骑将军窦宪等北伐匈奴，大败北匈奴于稽落山，匈奴部众四散溃逃，单于也逃命而去。这次战争给予北匈奴以致命打击，北匈奴从此一蹶不振。

永元三年（91年）夏，耿秉去世，时年50多岁，谥曰"桓侯"。和帝赐朱棺、玉衣，命五营骑士300余人为其送葬。匈奴人听说耿秉去世，亦为之举哀，是其恩信之所得报也。

耿恭，字伯宗，是耿弇弟耿广之子。耿恭少孤，从小即慷慨多大略，有将帅之才。永平十七年（74年）冬，骑都尉刘张率兵击车师，请耿恭担任司马，耿恭与奉车都尉窦固及从弟驸马都尉耿秉破降车师。之后，朝廷重设西域都护与戊己校尉。任命耿恭和关宠分别驻扎在车师后王部金蒲城（今新疆奇台西北）和车师前王部柳中城（今新疆鄯善鲁克沁），各置兵卒数百人。耿恭到任，发布文告晓谕乌孙，宣扬汉室威德。次年，北匈奴单于进攻车师，耿恭派司马带兵三百前往救援，路上，遭遇匈奴大军，全军尽没。北匈奴杀死车师后王安得，又转兵攻打金蒲城。耿恭亲自指挥作战，他让守兵在箭头上涂上一种药物，然后对匈奴士兵喊话说："汉军的箭是神箭，中箭者的创口必定有怪异情况发生。"匈奴中箭者的创口果然发生溃烂，于是特别害怕。适逢暴风雨，耿恭率众趁势出击猛攻，杀伤大量敌军，余敌惊恐万状，纷纷自我惊扰说："汉家箭神，其中疮者必有异。"金蒲城围遂解。

疏勒城（今新疆奇台）临涧水，可作为固守城池的水源，耿恭遂引兵据守疏勒城。不久，匈奴入侵至城下，在攻城不下情况之时截断了涧水，使疏勒城失去了水源，将士饥渴难忍，"榨马粪汁而饮之"。城中掘井，至15丈而不得水，恭乃敬拜神明，实际上是坚持掘井不已，终于水泉涌出。解决了饮水问题，围城仍可坚守。不幸的是，此时汉明帝驾崩，焉耆、龟兹叛汉，车师亦叛，关宠被围在柳中城，无援兵来救。困守数月之后，数千守城士兵只剩下几十人，粮食也吃光了。匈奴认为耿恭已无路可走了，便派人来劝降，许以白屋王，妻以女子。但耿恭矢志不渝，誓与疏勒城共存亡。

章帝继位，急遣耿秉合张掖、酒泉、敦煌三郡及鄯善兵士7000余人，前往救援，先解柳中之围，接着又攻下交河城，车师复降。援军历尽艰辛至疏勒城下，城中军士仅存26人。回撤的路上，由于将士身体羸弱，途中又有倒毙而死者，进玉门关时，仅剩下13人。

中郎将郑众上疏皇帝说："耿恭以单兵固守孤城，当匈奴之冲，对数万之众，连月逾年，心力困尽。凿山为井，煮弩为粮，出于万死无一生之望。前后杀伤丑虏数千百计，卒全忠勇，不为大汉耻。恭之节义，古今未有。宜蒙显爵，以厉将帅。"鲍昱也上疏说耿恭的气节高过苏武，应该得到封赏。于是，朝廷擢升耿恭为骑都尉。

总而言之，耿恭在极其艰苦的条件下，坚守困城达七八个月，将士一心，抱必死之志，誓与敌人战斗到底，这种为国尽忠的精神是至高无上的。

张骞出使西域后，汉朝与西域的使节往来不绝，商旅贸易日见通畅，中国对中亚、西亚的了解也达到了一个新阶段。李广利二次征大宛，对其诚服于汉起了重要作用，也为西汉政府在西域地区设置都护准备了条件。东汉一代，班超、班勇父子对西域的经营，在维护西域地区和平与秩序、维护丝绸之路的通畅和加强中西文化交流方面，都立下了不可磨灭的功绩，其献身边陲的无畏精神与英雄事迹永远值得后人学习。由于中国使者的西去和西域商贾的东来，中国的丝绸、漆器等相继传入西方，西域许多珍贵产品也源源不断输入中国。

第五章　丝绸之路的开辟与对外交流

一、丝绸之路的开辟

古代的西域，有广义和狭义之分。狭义的西域，主要指今天玉门关以西的新疆地区，包括葱岭以东的塔里木盆地和天山北麓的准噶尔盆地。广义的西域，则指玉门关以西所能达到的地区，包括亚洲中西部、印度半岛、欧洲东部和非洲北部。

西域和中原地区的往来，实际上在张骞通西域之前就存在了。考古工作者在安阳殷墟发掘的商代贵族大墓中，出土了大量的玉器，仅妇好墓就出土了700余件，有礼器以及日用品和装饰品等。关于这些玉器的产地，地质专家经科学鉴定后认为均属于新疆玉。这一结论使我们认识到早在公元前14世纪以前，中原与西域之间就有了交通路线，而且已经沿着这条路线将新疆玉输入中原。至于先秦文献中对新疆玉的记载就更多了。《管子》《山海经》《穆天子传》中，都有关于昆仑玉的记载。战国纵横家苏厉曾游说于赵，他警告赵王说：如果"秦以三郡攻王之上党，羊肠之西，句注之南，非王有已。逾句注，斩常山而守之，三百里而通于燕，代马胡犬不东下，昆山之玉不出，此三宝者非王有已"。"上党"指赵国的上党郡，在今山西和顺、榆社等县以南；"羊肠"指羊肠坂，是太行山上的一条通道，在今山西和顺县东南；"句注""常山"是指今恒山到太行山一带。苏厉的意思是说，如果秦国出兵攻打并占领赵国的上党郡，代马、胡犬以及昆山之玉这3件宝物，赵国就得不到了。昆山之玉，一般认为就是今天的新疆和田玉。如果这一看法不错的话，这条史料就说明，早在战国时期，新疆玉石已经可以通过一条比较稳定的交通路线经常性地运到中原地区。

此外，先秦时期中原地区生产的漆器、铜镜、丝绸等物，在西域地区也有发现。如新疆托克逊县境内出土的战国漆盘、阿勒泰境内出土的战国铜镜、吐鲁番墓地出土的春秋战国丝绸残片，都属于中原地区的产品。这些古代遗物可以确切无疑地证明，丝绸之路在张骞出使西域之前就已经在某种程度上存在了。只是在秦汉之际，北方草原上的匈奴强大起来，占领了西域和河西走廊地区，才阻断了这条路线。汉武帝时，张骞出使西域，与中亚各国进行了接触和联系。张骞在中亚地区的

张骞通西域路线图

外交活动，被誉为丝绸之路的开辟。

汉武帝时的西汉国力已日趋强盛，于是武帝决心改变以往的对匈奴政策，对匈奴展开反击。鉴于当时匈奴势力还很强大，西汉政府就想联络其他反匈奴势力，共同反击匈奴。这时，汉廷了解到一个重要情况，即原居住在敦煌祁连山之间的大月氏，在匈奴的压迫下，被迫向西迁到了伊犁河谷一带，而且大月氏与匈奴之间还有血海深仇——匈奴人打败大月氏后不仅杀死了大月氏首领，还用其头颅做了一只酒杯，成为匈奴首领的酒具，让大月氏人感到万分羞辱。大月氏人一直在等待机会，寻匈奴报仇。汉廷认为大月氏是非常好的联络对象。同时汉廷认为，如果大月氏肯与己合作，从西面进攻匈奴，就可从西面牵制住匈奴势力，犹如断掉了匈奴之右臂，对自己反击匈奴的战争无疑会起到重要作用。计策已定，西汉政府便招募出使西域的使者，最终确定由张骞来完成这一重大使命。

张骞，汉中成固（今陕西城固）人。武帝建元元年（前140年）征召为郎官。在西汉政府发出招募令后，张骞前往应募，并被确定为合适人选。建元二年（前139年），张骞受汉武帝之命，率领100多人的使者队伍从长安城出发，经陇西郡（治今甘肃临洮），向西行进，过匈奴控制的河西地区时，不幸被俘。匈奴单于把他们拘留下来，并给张骞娶了一位匈奴女子为妻，让他在匈奴之地成家立业，企图诱使他投降。但张骞坚贞不屈，虽遭软禁，却一直在等待机会逃脱，以期完成自己的使命。直至11年后，张骞终于乘匈奴防备疏忽，与堂邑父等一起逃出，继续向西奔走。他们首先到达大宛（今中亚费尔干纳地区），受到大宛王的欢迎。之后，大宛王派人送张骞到康居（在大宛西北，今楚河、塔拉斯河流域），再由康居派人将他们送到了大月氏（今阿姆河上游一带）。但这时的大月氏已占据了大夏故地，这里土地肥沃，外来威胁也少，大月氏人已在此安居乐业，不再想找匈奴报仇。张骞未能达到联合大月氏的目的，便从大月氏到大夏（阿姆河以南），在此停留了1年多始东返回国。在归途中，为了避免匈奴的拦截，他改走南道，翻越葱岭以后，沿着南山（今昆仑山脉）北麓东行，试图绕道羌中（今青海地区）回汉。不料又被匈奴人截获。再经过1年多的拘留后，武帝元朔三年（前126年），匈奴发生内乱，张骞又趁机逃脱，几经周折终于返回长安，受到汉武帝的隆重接待。

张骞这次出使西域，历时13年，出发时100多人的使团，归来就剩下他和堂邑父两人。这次出使虽然没有达到与大月氏结盟的政治目的，但却了解到了很多有关西域地区的政治、经济、地理、风俗等情况。汉武帝对这些都是非常感兴趣的，也有助于西汉筹划反击匈奴的战争。

张骞在匈奴生活期间所获得的地理知识也发挥了作用。元朔六年（前123年），派大将军卫青出征匈奴，张骞以校尉随军而行，在张骞的引领下，汉军所到皆水草繁茂之处，从而使汉军有了后勤供给的保障，提高了军队的战斗力。张骞因功受封博望侯。元狩二年（前121年），张骞又以卫尉领军与李广将军同出右北平（今河北东北部）击匈奴。在这次行动中，张骞因犯了没有如期到达预定地点的错误，受到军法的严厉惩罚。但总的来说，这一时期的汉匈战争，是汉军重挫匈奴取得决定性胜利的重要时期。汉武帝重用卫青、霍去病为领军将帅，卫、霍二将均能采取灵活机动的作战策略，尤其是霍去病采用的闪电式战法，在战争中发挥了巨大作用。以霍去病封狼居胥山为标志，取得了对匈奴战争的伟大胜利。

　　汉军把匈奴赶到了漠北地区，遂留下了大片的空虚之地，西汉政府曾采取移民实边的政策，以巩固边防。当时张骞还向汉武帝提出了一个建议，就是让乌孙重回到其早先生活过的地方——敦煌祁连间，即今天的河西走廊地区，以填补匈奴远徙后的区域真空。同时与乌孙联姻并结成联盟，就能形成防御和打击匈奴的强大力量。而匈奴失去河西走廊地区，则如同缺少了右臂一样，是难以有所作为的。

　　武帝很欣赏张骞的建议，于是拜其为中郎将，令其出使乌孙，是为张骞第二次出使西域。这次出使西域，已与上次大不相同。首先，河西走廊已在西汉政府的控制之下，使其能够顺利通过，不再受阻；其次，张骞这次率领的使团规模更大，共计300多人、马600匹，携带万只牛羊以及成千上万的金币、丝绸布帛等物，还有多名持节副使随行。

元狩四年（前119年），张骞率领的庞大使团踏上了西行的路程，并比较顺利地到达了乌孙的国都赤谷城（在今伊塞克湖东南）。由于此时乌孙刚经历了王位继承问题的纠纷，内部还不稳定，就没能与张骞达成共识，但还是与汉建立起了友好关系。故张骞返汉时，乌孙王昆弥派遣亲信大臣为专使，携带几十匹著名的乌孙马为礼物，随同张骞来到长安，向汉朝致谢。

张骞在乌孙期间，还通过乌孙的关系，将其随同的副使分遣到大宛、康居、大月氏、大夏、安息、身毒、于阗、扜弥一带，分别进行友好交流活动。这些副使也都比较圆满地完成了任务，大致都带着到访国派出的回访使节一起回到了长安，西域诸国始通于汉。

从此以后，汉朝与西域的使节往来不绝，商旅贸易日见通畅，中国对中亚、西亚的了解也进入了一个新阶段。张骞出使西域无疑是丝绸之路发展史上的一件大事，司马迁在《史记》中称张骞的西行为"凿空"，即认为是张骞开辟了丝绸之路。而实际上丝绸之路的出现要更早一些，但张骞出使西域后，丝绸之路变得更加畅通、东西方文化交流更加频繁与发展，誉为"凿空"，也是可以理解的。

张骞通西域后，汉朝与西域各国的交往日益增多。汉武帝听说西域大宛国（今中亚费尔干纳地区）产天下最名贵的汗血马，却被国王毋寡藏于贰师城，拒不让汉朝使者观看。汉武帝最喜欢马，便派使者带着千金及用纯金铸的一匹马去大宛，换取汗血马。汉使出玉门，穿沙碛，翻天山，越葱岭，一路上风餐露宿、日晒雨淋，艰辛跋涉，好不容易才到达大宛，拜见大宛国王毋寡，说明汉朝愿用千金及纯金所铸金马换取大宛贰师城名马的来意。毋寡自恃距汉遥远，汉朝不能对他用兵，奈何不了他，而且他又已经罗致了很多汉朝的金银丝绸等物，不以千金及金马为奇，便拒绝了汉使的请求。汉使甚为气愤，当面砸了金马。大宛国认为这是汉使对他们的蔑视，遂驱汉使离境，同时暗中令居于东边的郁成王在中途截杀汉使，夺取其携带的财物。

消息传至长安，武帝大怒，遂使李广利率军远征大宛。此次远征，主要目标在于夺取大宛贰师城中所藏宝马，故号李广利为"贰师将军"，以示志在必得。武帝太初元年（前104年），李广利率领骑兵六千、步卒数万，出征大宛。途中所经过的城郭小国皆闭门坚守，汉军只有在破城之后才能得到补给，攻城不下就得不到供给补充，一路上汉军战死、饿死的很多，到达大宛的郁成城时，士卒仅剩下数千人。李广利指挥军队攻打郁成，久攻不下，伤亡又多，就和相关人员商量，认为郁成尚且久攻不下，打下王都的可能就更渺茫了。于是决定撤军，次年才撤到敦煌。这时所剩士卒仅为出发时的十分之一二，损失之重可见一斑。李广利向武帝上书陈情，说失利的原因主要在于路途遥远、粮食供给不上，士卒多因饥饿而亡，到大宛时，其兵力已不足以打败大宛。汉武帝还是很愤怒，派出使者把守在玉门关，传令道："军队有敢进入关者，斩首。"李广利遂不敢再前行，只好滞留敦煌为屯守之计。第一次远征大宛，就这样以出师不利而告终。

汉武帝决心惩罚大宛，以挽回汉王朝的面子。太初三年（前102年），武帝又命李广利再次领军出征大宛。鉴于上次失败的教训，这次做了周密的部署。出征的兵力超过6万，牛10万头，马3万匹，运输粮草的驴和骆驼也超过了万数；粮草充足，戈矛、弓弩齐备。另征调18万士卒，布防在酒泉和张掖以北，新设置居延和休屠两个军事据点，一方面防匈奴的入侵，避免威胁远征军的补给钱；一方面作为远征军的后援部队，便于接应。又征调了许多民夫，为大军运送粮草。这次李广利出征，仅庞大的军事规模就令西域诸国受到威慑。故大军从敦煌出发，所过之处，西域各国均城门大开，隆重迎接，为大军备酒食，给牛马送草料。汉兵也不侵扰百姓，士民安居。

西征大军顺利西进，直至大宛，而且先绕过郁成城，直抵大宛王都贵山城（今乌兹别克斯坦卡散赛城）下。贵山城的用水主要是引流入城的渠水，贰师将军命先切断城内水源，然后围城，相持40余日。大宛的一些贵族暗中联合，杀掉国王毋寡，将其首级献给李广利，并表示只要汉军停止攻城，即献上大宛宝马；而与此同时，流亡于此的汉人已教会了城中居民凿井技术，解决了饮水问题，更能持续坚守。审时度势，李广利见出师的目的已经达到，随即罢战。汉军挑选了最好的宝马数十匹，中等以下的宝马雌雄3000余匹，并立大宛贵族中比较亲汉的眛蔡为大宛新国王。两国订盟，互结友好，贰师凯旋。

李广利班师回朝，向武帝献上宝马，武帝特别高兴，大宴群臣，庆祝胜利，封李广利为"海西侯"，以表彰其功。大宛有精兵六万，是当时西域诸国中的强国，贰师将军第一次远征失利，助长了大宛的骄傲，也让其他国家产生轻汉之心，这是汉武帝最不能接受的。以此之故，汉武帝决心再次派兵远征，以树立汉朝的威信。李广利二次出征并打败大宛，终于实现了汉武帝的期望。

李广利二次征大宛，其历史影响和意义是不可小觑的。它彻底打破了一些西域国家认为道远路阻、汉军难以到达的幻想，对诚服于汉起了重要作用；西域诸国服从于汉，为丝绸之路的畅通提供了有力支持，也使西汉政府在西域地区设置都护具备了条件。

汉代的西域有大小三十六国，分布在各个河流绿洲之上。其中有城郭的称居国，无城郭的叫行国。它们互相隔绝，各自为政。但这些居国与行国人口都不多，个别规模较大的可至几十万人，多数是只有几万人或几千人的小国。因此，这些绿洲国的力量都比较弱小，往往依附于强国或大国。在汉朝势力进入西域之前，西域诸国大致都处于匈奴的控制之下。

汉武帝发动的对匈奴的战争，彻底打败了匈奴，把匈奴赶到了漠北地区，原控制着河西走廊与西域地区的匈奴人也逐渐被驱逐出这一区域。张骞两次出使西域，与西域许多国家建立了联系。汉与西域各国之间的使者往来已成为常态，做生意的商人也频繁地往来于东西两地之间。在当时人烟稀少、道路艰险的情况下，为了保障这条连接东西方的丝绸之路的安全与通畅，汉武帝于元狩（前122—前117年）、元鼎年间（前116—前111年）分别设置酒泉、武威、敦煌、张掖四郡，使河西走廊地区有了安全保障。太初元年（前104年）至太初四年（前101年），贰师将军李广利两次奉命攻伐大宛，取汗血宝马而还，兵威震动西域诸国，也使西域诸国充分认识到汉朝的强大与可依赖。

此时，汉置亭障，从玉门关延伸到盐泽（今罗布淖尔一带），又在楼兰、渠犁（今新疆塔里木河北）、轮台（今新疆库车县东）等设置校尉，置屯驻守，这是汉在西域最早设置的军事和行政机构。宣帝地节二年（前68年），侍郎郑吉奉命率兵在车师屯田，负责监护鄯善（今罗布泊一带）以西地区，统管天山以南各地，汉王朝把西域南道诸国均置于统辖之下。不久以后，匈奴发生内乱，理应继承单于位的日逐王先贤掸被人篡权后又遭排挤，遂于神爵二年（前60年）秋率属下万余众降汉。郑吉奉命率龟兹、渠犁诸国兵以及屯田士卒前往迎接。此后，郑吉又承担了监护车师以西地区的重任，把西域北道诸国也置于汉王朝的管辖之下。由于西域南北两道诸国均由郑吉监护，故称"都护"。汉在乌垒城（今新疆轮台县东）设置西域都护府，作为西域都护的治所，同时也宣告了匈奴势力退出西域与匈奴僮仆都尉管理西域的结束，这为途经西域的丝绸之路南、北二道迎来了第一次畅通时期。

西域都护的设立，既是西汉政府管理西域的有效尝试，也为之后的中原政权管理西域提供了有益经验和模式。更重要的是，西域都护的建立，为中国形成多民族国家疆域的历史奠定了重要基础。

西汉在西域的经营活动，使西域诸国基本上都与汉朝建立了友好关系。但西汉末年的战乱以及王莽所施行的错误的民族政策导致西域诸国先后与中原王朝断绝了关系，又屈从于匈奴。东汉建立后，西域诸国都想和东汉恢复关系，但当时东汉政府无力西顾，这件事情就没有提到议事日程上来。一直到汉明帝时期，击匈奴、通西域，又成为东汉政府对外活动的头等大事，也给了班超投笔从戎、立功异域的机会。于是，班超及其儿子班勇便成为东汉一代建功西域的著名人物。

班超，字仲升，是著名史学家班彪的幼子，为人有大志，不修细节。其父死后，班超就随哥哥班固一起到洛阳生活。因家境衰落，班超只好到官府里去找一些抄写公文之类的事情，挣点钱贴补家用。但班超不想就这样碌碌无为地过一生，他也想为国家建功立业。某日，班超在抄完一件公文后，突然把毛笔往砚台边上一放，叹气道："男子汉大丈夫，没有别的志向，应当学习西汉傅介子和张骞，立功异域，以取得功名，怎么能长期靠笔墨生活呢？"有人取笑他，班超叹曰："小人物怎么能知道英雄壮士的远大志向呢！"

明帝永平十六年（73年），东汉政府派遣奉车都尉窦固出征匈奴，班超投身窦固的麾下，去攻打匈奴。班超在军中任假司马（代理司马）之职，假司马官虽小，但它是班超从文墨生涯走向军旅生活的第一步。班超有勇有谋，很快就显示出与众不同的军事才能。他率兵进

班超征西域经过图

攻伊吾（今新疆哈密西），先击败匈奴的军队，继而占领了伊吾，一直把匈奴军队追击到蒲类海（今新疆巴里坤湖）。小试牛刀，战果不小，其才干颇受窦固赏识。于是，窦固又把出使西域的任务交给了班超。任务具体内容是：联络西域诸国，扫清匈奴在西域的残余势力，巩固对匈奴战争的胜利。

班超率领36人的队伍，经过长途跋涉，历尽千辛万苦，先到达鄯善（今新疆罗布泊西南）。鄯善王开始对班超等人很是恭敬，招待得十分周到，后突然改变态度，对他们显得很冷淡。班超凭着自己的直觉，知道一定是匈奴的使者也来了，鄯善王正举棋不定，不知如何选择。他便告诫其属下，要早做与匈奴较量的准备。

于是，班超把接待他们的鄯善侍者找来，出其不意地问："匈奴使来了几天了，现在住在什么地方？"侍者猝不及防，只好把情况照实说了。班超立即召集部下云："你们跟我来到西域，欲立大功，以求富贵。可现在匈奴使者来了才几天，鄯善王对咱们的态度就变了。如果让鄯善王把我们抓起来送给匈奴，那时候我们的尸骨就成了豺狼吃的东西了。大家看怎么办才好？"36名部下纷纷说："处在目前的危急关头，我们都听您的安排。"班超说："不入虎穴，焉得虎子。为今之计，只有趁着夜色向匈奴人发起火攻，使他们不知道我们有多少人，而我们趁其慌乱，一举消灭他们。消灭了这些人，鄯善肯定心惊胆战，我们就成功了。"于是，大家分头去做准备。

当晚，班超率领将士直奔匈奴使者驻地。时天刮大风，班超顺风纵火，声势喧天。匈奴人乱作一团，班超更是冲上前去，手起刀落，杀死了3个匈奴人。其他军士也一齐奋勇冲杀，全歼匈奴百余人。鄯善王大惊失色，举国震恐，立即表示愿意诚心归汉。

窦固得到班超的报告，非常高兴，立即替班超向汉明帝请功。明帝下令奖励班超，并升班超为军司马，令他继续在西域效命立功。

继而，汉明帝又令班超出使于阗，还准备给他再增加一些兵力。但班超认为，行动中如果有意外事件发生，人多了反而不便，就没有再增加人，仍保持36人随行。

当时，于阗国力较强，又有匈奴势力介入，在南道称霸一方，新破莎车（今新疆莎车），志得意满。班超到于阗后，先向于阗王转达了东汉朝廷的友好愿望，希冀于阗能与汉朝建立友好关系。但于阗王听信巫师之言，不能决断。班超则利用于阗王举行祭神仪式的机会，斩杀巫师，并责备于阗王傲慢无礼。于阗王早就听说班超征服鄯善一事，这会儿直面班超已感到惊恐，便派人杀了匈奴使者，表示归附汉朝。班超由此名震西域。

班超率领36名军士继续前往其他西域国家，先后又和疏勒、车师等国结成友好关系。他还利用已经归附汉朝的西域诸国的兵马去攻打一些受匈奴指使而不听命之国，赢得了一连串的胜利，使西域诸国全部归附于汉。

永平十八年（75年），汉明帝去世，焉耆国（今新疆焉耆）乘汉朝大丧之机，围攻西域都护，杀死了都护陈睦。龟兹（今新疆库车）、姑墨（今新疆温宿一带）等国也趁机进攻班超所在的疏勒。班超在西域的处境已很艰难。

章帝即位，担心班超独处西域难以支持，下诏命班超回国。班超受命将归，疏勒举国忧恐。都尉黎弇说："汉使抛下我们，我们肯定又会被龟兹所灭。确实不愿意看着汉使离去。"说罢，拔刀自刎而死。班超率部至于阗，于阗国的王侯百姓都放声大哭，说："我们依赖汉使如同父母，您绝对不能离开这儿。"班超深受感动，毅然决定重返疏勒。当时疏勒两城已经重新归降龟兹，班超扑杀了反叛者，稳定了疏勒秩序。

此后，班超在西域力挽狂澜，用"以夷制夷"的策略，先后控制了疏勒、康居、于阗、拘弥等国，用兵打败龟兹，姑墨、温宿等国也随之降服，西域又回到了汉朝的控制之下。

和帝永元三年（91年），东汉朝廷任命班超为西域都护，徐干为长史，以龟兹它乾城为都护府驻地。西域诸国重归汉朝，班超也终于实现了立功异域的理想，并被东汉王朝封为定远侯。

班超在西域都护任上，除维护了西域各国的和平相处之外，做的另一件大事就是派遣甘英出使大秦（罗马帝国）。甘英西行至条支（约今伊拉克地区）的西海（地中海），为大海所阻，没有到达目的地又返回了。甘英虽然中途而返，但其出使活动仍意义非凡，它反映了东汉政府想与罗马帝国直接接触的愿望，也是当时中国使节最远到达的地方。甘英所带回的有关中亚、西亚一带的地理知识，进一步拓展了中国人的地理视野，对促进东西方的经济文化交流做出了巨大贡献。

班超经营西域30多年，因思念故土，遂上书和帝说："臣不敢望到酒泉郡，但愿生入玉门关。"永元十四年（102年），班超奉诏回到洛阳，一个月后就病逝了，终年71岁。以此可知，班超是在身体状况不允许的情况下离开西域的，他的后半生都是在为西域的和平与安宁而操劳和奔波。

班超之后，继任的西域都护任尚，作风严厉而急躁，所作所为，让西域诸国多有不满，丝路两道时有叛乱发生，令东汉政府头痛不已。这时朝中有人提出："西域阻远，数有背叛，吏士屯田，其费无已。"汉安帝听信这等言论，便下令撤销了西域都护，匈奴又趁机南下，占据了西域。同时，匈奴还不断地利用西域的人力财力对东汉进行骚扰。于是，朝中有识之士建议打击匈奴，恢复中原与西域关系的主张又重新抬头。当时执政的邓太后听说班勇与其父班超一样，有志于经略边疆，便召班勇到宫中讨论边疆问题。班勇借机向邓太后陈述了经营西域的得失与策略，邓太后听了颇为赞赏，但并没有立即任命班勇去经营西域。

直到汉安帝延光二年（123年），敦煌太守张珰上书朝廷，备陈利害，恳切要求东汉政府经营西域，以通丝路。安帝这才决定在敦煌设置西域校尉，起用班勇为西域长史，领军五百驻屯柳中，具体经营通西域的事业。

班勇到西域后，采用的策略就是联络西域诸国，集中力量抗击匈奴。他以柳中为根据地，进行屯田自养，待站稳脚跟后，就开始了出使活动。他先到楼兰，说服鄯善归附，朝廷表彰，特加三绶。接着，他又说服龟兹、温宿、姑墨归附，北道诸国又回归汉朝。对于仍得到匈奴支持的车师前王，班勇发动步骑兵万余人进行讨伐，先在伊和谷击败匈奴伊蠡王，俘获前部5000余人，车师前部得以平定。次年，班勇又发敦煌、张掖、酒泉6000骑兵及鄯善、疏勒、车师前部兵讨伐车师后部，大破之，俘虏车师后王及匈奴使者，杀死与俘获后部士卒8000余人，收马牛羊5万余头。此时，以车师后部为中心的天山北麓诸国全部降服。班勇乘胜追击匈奴呼衍王，呼衍王狼狈逃窜，部众2000余人归降。可惜，班勇在次年讨伐焉耆王元孟的行动中，因没有按时到达预期地点而被革职查办，遂使壮志未酬！

东汉时期丝路的三通三绝，其前两通得益于班超，其三通得益于班勇。东汉一代，班超、班勇父子对西域的经营，在维护西域地区和平与秩序、维护丝绸之路的通畅和加强中西文化交流方面，都立下了不可磨灭的功绩，其献身边陲的无畏精神与英雄事迹永远值得后人学习。

二、丝绸之路的起点与路线

长安城是丝绸之路的起点。

汉长安城所在的关中地区，是中华文明发达的主要地区之一。早在公元前五六千年前，关中地区就有了发达的新石器时代文化，如在今天西安周边地区发现的半坡、姜寨、杨官寨等遗址，无不说明远古的西安地区就是一处非常适合人类生存的地区。辛勤的远古先民利用关中优越的地理条件，在这里渔猎和耕牧，发展生产，创造出了辉煌的物质文明，也为关中地区社会物质文明的进一步发展奠定了基础。

因此，在中国的历史上，建立周朝的周人率先在关中崛起，发展了周文明。接着，秦人又以关中为根据地，依靠关中地区的物资供给，完成了统一关东六国的宏伟大业。秦建都咸阳，关中又成为全国的政治、经济和文化中心。

西汉继承秦朝，建都长安。当时西汉的建立者所看重的仍然是关中优越的经济和地理条件。西汉时期的关中是当时全国最发达的经济区，太史公司马迁在《史记》中说："关中之地，于天下三分之一，而人众不过什三；然量其富，什居其六。"关中地区的富裕，于此可见一斑。这当然也和以全国之力供养长安有关。西汉在长安建都以后，长安既是国内的政治中心，又是对外交流的经济文化中心。

因为长安是汉代的都城，张骞两次出使西域，都是在长安受命，然后从长安出发，完成出使，又回到长安。以丝绸之路的开辟而言，长安无疑是起点。再看物质文化交流，当时全国各地供奉首都的物产，特别是各地的特产，都会经过水陆两路运送到长安。连接长安与关东的漕渠，就是把关东物产送到长安的水路运输线。全国各地的货物集中于长安，然后再从长安输出，长安无疑又是物资输出的起点。总而言之，汉长安城作为丝绸之路的起点，在促进东西文化交流方面发挥了巨大作用。

长安既是起点，又是终点。张骞两次出使西域，带着大批的丝绸等货物离开了长安。细君公主出嫁乌孙，也带着大批的货物离开了长安。解忧公主的和亲西行，当也如此。张骞出使回朝，又带回了乌孙之良马，以及西域的各种物产。良马养育在长安，而葡萄、苜蓿等植物则种植于上林苑中。还有李广利奉命伐大宛，获大批汗血良马于贰师城，圆了汉武帝繁育良马、发展中国骑兵的强军梦。可以想见，这批汗血良马带回长安让武帝欣赏时，所遇到的万众欢呼的情景。

丝绸之路主要干线的基本走向大致是：从汉长安城出发，一路大致沿着渭河向西，经今咸阳、兴平、武功、扶风、宝鸡、陇县、天水、陇西、临洮等地，或经今兰州至武威进入河西走廊，或经今西宁至张掖进入河西走廊；一路西北行，经今咸阳、礼泉、乾县、永寿、彬县、泾川、平凉、固原，经乌兰关过黄河，进入河西走廊。两路在河西走廊合并为一，再西行过酒泉，至敦煌。两汉时，丝绸之路出敦煌进入西域，分为南、北两道。南道出阳关，经若羌，进入塔里木盆地南缘，西行经且末、于田、和阗、莎车至喀什；北道出玉门关，经古楼兰进入塔里木盆地北缘，西行经焉耆、库车、阿克苏至喀什。两路会合于喀什，然后再由喀什分两路继续西行。一路翻越葱岭，经瓦罕走廊，逾兴都库什山，至今巴基斯坦的白沙瓦，或南下，进入今印度一带；或继续西行，经今阿富汗，进入今伊朗、伊拉克、叙利亚等地，就是古代的大月氏或贵霜、安息、条支等国。一路翻越东天山山脉，进入中亚的费尔干纳盆地，经大宛，至康居、奄蔡一带，也就是今天的塔吉克斯坦、吉尔吉斯斯坦、乌兹别克斯坦、哈萨克斯坦等国。

　　需要说明的是，丝绸之路形成以后，还经历了一个不断发展完善的过程，也就是说，丝绸之路的规模一直处于不断扩展之中，线路不断在延伸，支线不断有所增加，联系的区域也一直处于不断扩大之中。除此之外，随着丝绸之路文化意义的外延，凡是在历史过程中形成的有利于东西文化交流的交通路线，都被称为丝绸之路。于是，就有了沙漠绿洲丝绸之路、北方草原丝绸之路、西南丝绸之路和海上丝绸之路等多类型的丝绸之路。而我们这里说的主要是初始意义上的丝绸之路，即所谓沙漠绿洲丝绸之路。还有一点是，丝绸之路本是一条活的路线，它常因时代或政治军事形势的变化而发生变化，故绝不能把它看成是一条死板的一成不变的路线。但它仍有最基本的干线支撑，而且其路线所连接的东西两端也是明确的，即东方的起点是中国的汉唐长安城，西方的终点是罗马帝国的罗马城。

三、丝绸之路的经济文化交流

　　张骞通使西域后，由于中国使者的西去和西域商贾的东来，中国的丝绸、漆器等相继传入西方。而西域许多珍贵产品，如植物新品种、毛皮和毛织品、珍禽异兽以及其他珍奇物品，也源源不断地输入中国。

　　我国丝绸曾在古代国际社会享有很高的声誉，在古代世界人民生活中发生过重大影响。由于中国丝绸是古代东西方交通线上的最亮眼且运输最忙的商品，因而成为这条路线的名称。在我国的丝和丝绸传入欧洲前，希腊、罗马人缝制衣服的主要原料是羊毛和亚麻。当轻柔光亮、色彩绚丽的丝绸传入欧洲后，受到了当地人民的喜爱和欢迎。我国丝绸在西方被认为是最上等的衣料，但由于丝绸生产的成本原本就相当高，再加上商人的居间垄断，沿途各国关卡重课，以至运到欧洲后，竟和黄金等价。最初，即使在当时的欧洲政治、经济中心罗马，也只有少数贵族妇女穿着丝绸，人们竞相炫耀。据说，在罗马共和国末期，其最高统治者恺撒有一次穿着绸袍看戏，时人忌其过分奢华。到了罗马帝国初期，皇帝提庇留还严禁男子穿着绸衣，以为奢靡逾制。但是，这并非法令所能禁止的。随着丝绸之路的发展，丝绸的应用也越来越广泛。到了公元4世纪时，罗马人穿着丝绸已经十分普遍。当时的希腊历史学家谈到罗马人穿着丝绸的情况时说："昔时吾国仅贵族始得衣之，而今则各级人民，无有等差，虽贱至走夫卒皂，莫不衣之矣。"虽然他的这种说法有些夸张，但却表明了在东罗马帝国时，丝绸已是欧洲人民比较普遍的衣着用品了。

虽然当时西方人民如此喜爱丝绸，却不懂得丝绸的生产方法。在相当长的时间里，丝绸是中国的特有产品。《史记·大宛列传》说："自大宛以西，至安息……其地皆无丝漆。"至于安息以西的欧洲，更是长期不知丝绸的由来。他们对于丝绸是来源于养蚕缫丝，更是不得其解，视为神秘。古代西方著名作家白里内，竟把蚕丝想象为由树上抽出。他在《博物志》一书中写道：中国的"丝生于树叶上，取出，湿之以水，理之成丝。后织成锦秀文绮，贩运至罗马"。希腊历史学家还把蚕丝的由来解释为"林中有毛，其人勤加灌溉，梳理出之，成精细丝线"。此外，还有把蚕丝说成是由竹叶制成，把桑树叫"黄金树"，等等。

　　西方知道蚕丝的来由，完全依赖于中国养蚕法的西传。中国的养蚕法，最先经由我国西部边疆的和阗（今改和田），然后在西传到亚洲、欧洲各国。

　　古代波斯地处丝路交通的要冲，中国的丝绸很早就传入该地。张骞初通西域时，汉朝政府便与安息建立了联系，通过汉朝皇帝的赐予和商贾的贩运，中国丝绸便大量流入安息。随着丝绸的输入，生产丝绸的养蚕缫丝技术也传入波斯。《魏书·西域传》中已经明确提到了波斯生产的"绫锦"，可见养蚕丝织技术不晚于南北朝就传到了波斯。自从中国养蚕法传入波斯后，其丝织业日益发达，其中以吉兰地区的丝织业最为出名，至今此地的养蚕习惯犹存。

　　至于我国的养蚕技术传入欧洲，约在公元6世纪前后。在此以前，西方人不知道养蚕缫丝，但他们可以把中国输入的生丝进行加工纺织，或是将中国运来的绢缯拆解成丝线，并掺上麻线，再制成绫纱，染上色，绣上花。这种经过加工的半透明丝织轻纱，曾是古代西方人民最喜爱的衣料之一。当时叙利亚的泰尔、培卢特等城市就是东罗马的这种丝织业加工中心。

　　早在张骞出使西域前，中国植物便在西域出现。《史记·大宛列传》记载，张骞在大夏时，就看到产于中国的邛竹杖已通过身毒输入大夏。邛竹即方竹，主要产于我国云南、广西一带。中国植物输出的还有桃和梨。大约在公元前1—2世纪时，中国的桃种便输入波斯，又传入亚美尼亚和希腊。到公元1世纪时传入罗马。罗马史学家白里内称其为波斯树。中国的许多药材品种也通过丝绸之路输入了中亚、西亚地区，如肉桂，波斯人称"达秦尼"，阿拉伯人称"达锡尼"。此外，输出的还有生姜、大黄、黄连、茯苓等中草药。

漆器也是中国重要的输出品之一。中国自古出漆器，而且很早就向西方输出。考古工作者在今新疆吐鲁番地区发现了战国时期的漆器，说明在张骞之前就有漆器输出到了西域。张骞通西域后，中国漆器更是沿着丝绸之路输出到了更远的西方。

同时，中国的灌溉技术也传入了西域。

西汉时，中国的水利灌溉技术已很发达。汉武帝时代，在以关中为核心的地区兴建了许多水利工程，如引泾之白渠，引渭之成国渠，引洛之龙首渠，还有灵轵渠、漕渠、六辅渠等。其中龙首渠的渠线要经过一段商颜山高地，在修建过程中，因渠深岸高而常出现崩塌问题，遂采用了修成井渠的方法，即数十米之间凿一井，井下相通成渠，从而解决了渠岸崩塌阻塞渠道的问题。是为井渠的发明。丝绸之路开通后，汉朝在今新疆地区设置西域都护作为管理机构，并派军驻守。汉朝军队在西域实行屯田以供养自己，并以之作为长期坚守之策。新疆地区为干旱沙漠地带，终年雨量稀少，在此发展农业必须引水灌溉。又因为沙地渗漏严重且天气炎热，水蒸发量大，为修地上明渠带来难以克服的困难。于是西汉的屯田士兵就把关中的穿井修渠法带到了西域地区。井渠法有效地解决了引水渗漏和蒸发问题，从而推动了新疆地区灌溉农业的发展。这也是新疆地区坎儿井的由来。

有人认为古代波斯地区（今伊朗一带）也有坎儿井，新疆的坎儿井或是从古代波斯传来，但缺乏证据支撑。相反，中国的穿井技术确实很早就传到了中亚地区。《汉书·李广利传》记载，汉武帝派遣李广利攻打大宛时，宛城中无井，汲城外流水，在汉军切断了城中用水的紧急情况下，早先流入该城中的汉人就教宛人凿井，解决了饮水问题。这是明确记载中国穿井技术传入大宛的可靠例证。

通过丝绸之路，很多植物新品种也陆续传入我国。如葡萄、苜蓿、石榴、红蓝花、酒杯藤、胡麻、胡桃、胡豆、胡瓜、胡荽、胡蒜、胡葱、橄榄等。这些植物新品种都来源于中亚、西亚地区。如葡萄，本作葡桃、葡陶等，原产于大宛一带，据《汉书·西域传》记载，大宛人以葡萄酿酒，"富人藏酒至万余石，久者至数十岁不败。俗嗜酒"。康居、大月氏、罽宾等地也盛产葡萄。苜蓿，也产于大宛，是大宛马的饲料，当与大宛马同时输入中国。《史记·大宛列传》记载，葡萄、苜蓿输入中国后，汉武帝于"离宫别馆旁尽种蒲陶、苜蓿极望"。其他如石榴产于安息，红蓝花产于罽宾、印度等地，酒杯藤来自大宛，胡麻也由大宛输入，胡桃来自波斯等。

这些新品种的输入，在我国的经济生活中具有重要意义。由于一些植物品种具有多种用途，很快便成为中国人民生活中的必需品。如葡萄既可食，又可酿酒；苜蓿既可作为牲畜饲料，又可做绿肥原料，其嫩苗可做蔬菜，内籽还可酿酒；石榴果实可解渴，又可酿酒、入药；胡麻既可食用，又是很好的油料作物等。

毛皮盛产于中亚，如康居、奄蔡和严国（在乌拉尔山脉中部以南）都是出产皮毛的国家。这些国家的毛皮是通过丝绸之路北道输入中国的。尤其是严国，处在毛皮的集散中心。奄蔡出产大量貂鼠皮，在古代世界享有很高的声誉。汉代的长安就有不少出售毛皮的大商店，商贾因经营毛皮成为富商，被称作"千乘之家"。

西域地区的毛织品，也在汉时通过丝绸之路不断输入中原。我国西北边疆地区的许多少数民族很早就掌握了毛纺技术，能织出精美的毛织品，是与内地进行交换的重要物品。

西域毛织品分为毛毯与毛布两类。毛毯是比较细的毛织品，毛布相对较粗，但都为中原人民所喜爱。班固在寄给班超的书信中有这样两段话："今赍白素三百匹，欲以市月支马、苏合香、毾㲪"，"月氏毾㲪，大小相杂，但细好而已"。其他如"天竺国出细靡毾㲪"，"安息国出五色罽"，大秦国产"毾㲪、氍毹、罽帐之属皆好。其色又鲜于海东诸国所作也"。在塔里木盆地的汉墓中，就发现了有希腊罗马式织染技术的毛织品。

此外，各种珍禽异兽也传入了中国。

古代我国西北边疆一些少数民族地区，如乌孙、匈奴和后来的突厥等，都出良马；中亚一些地区也出良马。汉时，康居、大宛的马都很出名，尤其是大宛，"多善马，马汗血，其先天马子也"。丝绸之路开辟后，中亚地区的马匹源源不断输入我国。

骆驼也是古代西域地区的特产。东汉时，我国岭南一带人没有见过骆驼，初见骆驼，还以为是马背肿胀而隆起，所谓："少所见，多所怪，见橐驼，谓马肿背。"骆驼是丝绸之路上重要的交通工具，不仅能负重远行，还能辨识路途，又最耐饥渴，是行走沙漠的首选畜力，被誉称为"沙漠之舟"。

除马和骆驼以外，来自中亚、西亚的其他珍禽异兽还有：汉时条支来献的狮子、犀牛、犎牛、孔雀；安息国于"章和元年，遣使献狮子、符拔，符拔形似麟而无角"，"十三年，安息王满屈，复献狮子及条支大鸟，时谓之安息雀"。

根据我国古代文献记载，通过丝绸之路输入中国的珍奇物品还有很多。如大秦产的珊瑚、海西布、水银、琥珀等；中亚出产的玛瑙、砗磲、水晶、琅玕等物；南亚和印度所产的金刚、玟瑁、苏合、熏陆、郁金香、珠贝等。

第六章　两汉长安的经济繁荣与衰落

汉初经济严重凋敝，汉高祖不得不汲取秦亡教训，推行约法省禁、轻徭薄赋的政策，来安定社会秩序，恢复社会生产。汉武帝时，确立了一些新的经济制度，强化了大汉王朝的经济基础，出现了"富商大贾周流天下，交易之物莫不通"的繁荣景象。

一、两汉时期的经济政策

关中地区是西汉的政治、经济中心，但经过秦末农民战争的破坏，汉初经济严重凋敝。《汉书·食货志》记载："汉兴，接秦之弊，诸侯并起，民失作业而大饥馑。凡米石五千，人相食，死者过半。""自天子不能具醇驷，而将相或乘牛车。"百姓没有生计衣食，爆发了大饥荒。米1石卖到5000钱，甚至发生人吃人的惨剧，人口减少了一半。皇帝乘坐的马车找不到4匹颜色一致的马，有的将相只能乘坐牛车。

为了尽快恢复经济、稳定统治，汉高祖不得不汲取秦亡教训，推行约法省禁、轻徭薄赋的政策，来安定社会秩序，恢复社会生产。

一是减轻田租。"轻田租，十五而税一，量吏禄，度官用，以赋于民。而山川、园池、市肆租税之人，自天子以至封君汤沐邑，皆各为私奉养，不领于天子之经费。"

二是罢兵息民。"（高祖元年）夏五月，兵皆罢归家。诏曰：'诸侯子在关中者，复之十二岁，其归者半之。民前或相聚保山泽，不书名数，今天下已定，令各归其县，复故爵田宅。'"

三是释放奴婢。"民以饥饿自卖为奴婢者，皆免为庶人。"

四是减省徭役、献费。高祖元年（前206年）诏："军吏卒会赦，其亡罪而亡爵及不满大夫者，皆赐爵为大夫。故大夫以上，赐爵各一级。其七大夫以上，皆令食邑；非七大夫以下，皆复其身及户，勿事。"高祖八年（前199年）春三月，"令吏卒从军至平城及守城邑者，皆复终身勿事"。高祖十一年（前196年）二月诏曰："欲省赋甚。今献未有程，吏或多赋以为献，而诸侯王尤多，民疾之。令诸侯王、通侯常以十月朝献，即郡各以其口数率，人岁六十三钱，以给献费。""夏四月……令丰人徙关中者皆复终身。""六月，令士卒从入蜀、汉、关中者皆复终身。""十二年，以沛为汤沐邑，复其民，世世无有所与。……乃并复丰，比沛。"

五是实行抑商政策。《史记》载高祖八年（前199年），"诏令贾人不得衣丝乘车"，"贾人毋得衣锦绣绮縠絺纻罽，操兵，乘骑马"。

通过上述措施，汉初统治逐步得到稳定，社会经济逐步得到恢复。

汉惠帝、吕后统治时期，曹参为相，推行清静无为的"黄老政治"，遵循高祖休养生息政策，无所变更。《汉书·刑法志》载："当孝惠、高后时，百姓新免毒蠚，人欲长幼养老。萧、曹为相，填以无为，从民之欲而不扰乱，是以衣食滋殖，刑罚用稀。"司马迁在《史记·吕太后本纪》中也强调："孝惠皇帝、高后之时，黎民得离战国之苦，君臣俱欲休息乎无为，故惠帝垂拱，高后女主称制，政不出房户，天下晏然。刑罚罕用，罪人是希。民务稼墙，衣食滋殖。"

文、景时期，继续推行约法省禁、轻徭薄赋的休养生息政策。文帝、景帝都倡导以农业为本，文帝多次减田租为三十税一，甚至不收田租，景帝把三十税一定为常制。特别是文帝时，"躬修玄默，劝趣农桑，减省租赋。而将相皆旧功臣，少文多质，惩恶亡秦之政，议论务在宽厚"，因而出现了"吏安其官，民乐其业，蓄积岁增，户口寝息。风流笃厚，禁网疏阔"的局面。在农业生产恢复发展的基础上，汉文帝又实行"开关梁，驰山泽之禁"的政策，"纵民得铸钱、冶铁、煮盐"，大力发展私营工商业。由于铸钱、冶铁、煮盐利润丰厚，社会上许多人纷纷"背本趋末"。《盐铁论·复古》指出："往者豪强大家，得管山海之利，采铁石鼓铸、煮盐，一家聚众或至千余人。"司马迁在《史记·货殖列传》中列举了当时许多"富埒王者"的大盐铁业主和富商大贾，如蜀卓氏、宛孔氏与程郑、刁间等家族或个人。汉文帝的这一举措，在一定程度上放宽了对商人的束缚，为汉代工商业的快速发展大开了方便之门。

汉武帝时，确立了一些新的经济制度，强化了大汉王朝的经济基础，出现了"富商大贾周流天下，交易之物莫不通"的繁荣景象。

一是整顿币制。实现货币的统一，使中央政府控制金融要脉。元鼎四年（前113年），汉武帝下令取消郡国铸币的权力，由中央统一铸造发行五铢钱，币制得到较长期的稳定。

二是盐铁官营。中央政府在盐铁产地设置盐官和铁官，实行统一生产、统一销售，利润为国家所有。这一举措使国家垄断了于国计民生意义重大的手工业和商业的利润，工商业的财富完全掌控在国家手中，既可以供给皇室消费，又可满足巨额的军事支出。

三是均输与平准。均输法，是当时针对地方各郡国向中央贡献方物并输送至京师的旧有做法所进行的改革。由于旧有做法有诸多弊端，需要征调农民服徭役从事运输，民众不堪其苦。运到京师后，还会产生贡品变质，运输费用过大，以及京师同类物品积压过多等问题。实行均输，则由大农令在各地设均输官，负责贡品

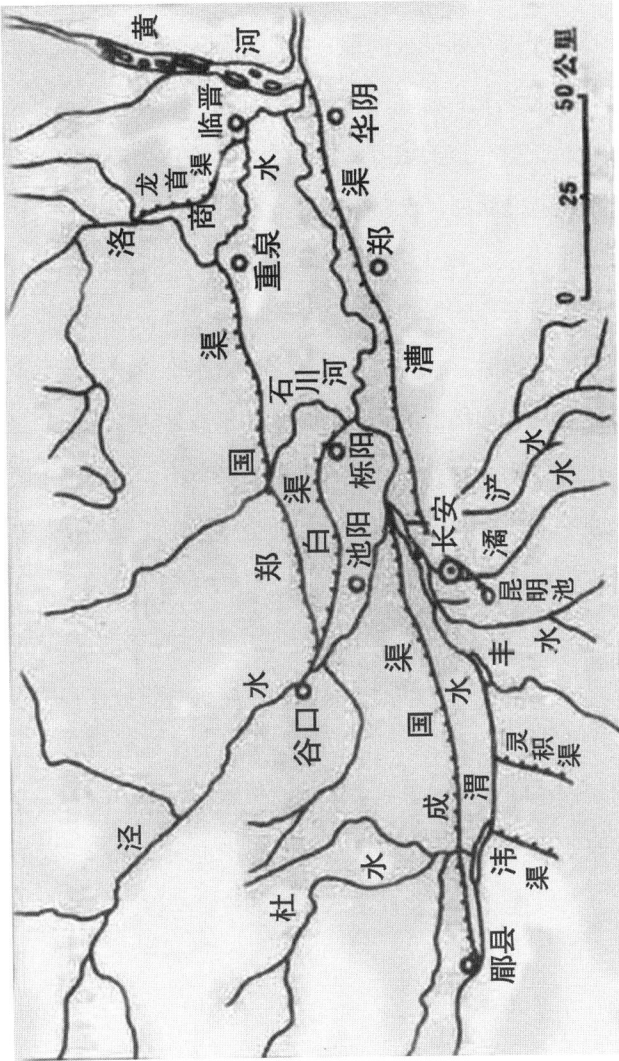

西汉关中水利建设示意图

的纳送问题。采取的是"徙贵就贱，用近易远"的方法，即将各地贡献的方物折算成钱币缴纳，再由均输官选择距离京师最近的地方采购京师所需之物，运送京师，从而避免长途运输所产生的问题。同时，均输官还可以从货物充裕的地方低价采购，运到货物短缺的地方卖出，从而获利，以充国库。

平准法，由大农令在京师等地设平准官，对市场进行调节管理的方法，即在丰年物裕之时，由平准官低价收购货物储存，在市场短缺之时再平价卖出，起到调剂供需和平抑物价的作用。均输与平准是两项重要的经济措施，均输有利于减轻农民的徭役负担、增加国家收入，平准则有利于稳定物价和社会秩序，二者都是具有一定积极意义的经济政策。

四是重农抑商。汉武帝时代推行算缗与告缗制度，规定商人、兼营手工业的商人以及高利贷者必须向政府申报财产，并鼓励民间相互告发违反算缗法令的行为。这一制度的推行充实了国家府库，打击了商人。重视农业生产，大规模徙民边地，组织屯田，推广"代田法"，以提高农业生产技术，增加粮食产量，推动农业的发展。

五是兴修水利。汉武帝时，在关中开凿了漕渠、白渠、龙首渠、六辅渠、灵轵渠、成国渠等，成为供给都城人口生活需要的主要物品生产的有力保障，所谓

"衣食京师，亿万之口"，就是针对这些水利建设而言的。

汉武帝晚期，由于奢侈无度、连年征战，海内虚耗，户口减半。汉昭帝吸取教训，重视经济的恢复和发展。汉宣帝时期，继续坚持"农者兴德之本"的执政方针，积极推行招抚流亡、鼓励农耕、发展生产的政策措施，流民还归乡里者"假公田，贷种、食"，由政府提供基本生产资料，免除算赋及徭役负担等，使西汉又进入了中兴阶段。

西汉末年，统治集团的腐败与黑暗积弊已深，贵族、官僚、豪强竞相争夺土地，大土地所有者迅速成长，失去土地的农民越来越多，农业生产秩序被严重破坏，无数小民破产流亡，加之自然灾害频仍，饥饿的人群日益庞大，而汉政府在社会结构严重失序和自然灾害面前所表现的无能为力，引起广大民众强烈不满。在社会危机不断加深，民众反抗活动日益频繁，社会秩序越来越混乱的情况下，关中地区的经济也一落千丈。

王莽打着挽救社会危机的旗号，篡汉自立，建立了新朝。王莽当政后，即着手进行全面的政治经济改革，试图消除日益严重的社会危机。王莽改制的特点是"托古改制"，即按照《周礼》中所描绘的周代制度进行改革。他首先宣布把全国土地收为国有，称之为"王田"，并在此基础上实行井田制，企图以此解决土地问题。井田制本身就是一种理想化的土地经营模式，在周代是否真正存在过尚存疑问，而王莽竟然把这一制度称作"井田圣法"在全国推广。这一做法，不仅引起大土地所有者的激烈反对，也产生了田制的混乱。从历史的角度实事求是地看，这种改革不是顺应历史潮流，而是凭人的主观意志而为，其失败的结果是可想而知的。而且，土地制度是一个国家经济制度的根本，这一制度出现问题，其结果无疑是灾难性的。

王莽改制的其他措施主要是五均六筦，"五均"一词源出《乐语》，其文云："天子取诸侯之土，已立五均，则市无二价，四民常均。强者不得困弱，富者不得要贫，则公家有余，恩及小民矣。"又见于《逸周书·大聚解》，其文云："市有五均，早暮如一。送行逆来，振乏救穷。"王莽以此为据，在长安、洛阳、邯郸、临淄、宛和成都几个重要的经济都会设置五均官，对工商业经营和市场物价进行管理与调剂。王莽的经济政策一塌糊涂，实践中的经济活动一片混乱，其结局必然是以失败告终。最后，连他建立的新朝也倾覆了。

二、汉长安城的经济发展与繁荣

作为汉长安城经济依托的关中地区，其经济的发展与繁荣是长安城得以持续发展的重要保障。关中地区是我国经济开发最早的地区之一，区域内分布密集的仰韶文化遗址和龙山文化遗址，都无声地诉说着距今六七千年前这里已经有了发达的定居农业。以西安半坡、临潼姜寨、高陵杨官寨为代表的史前文化遗址，在关中地区可以说是比比皆是。周人兴起于关中地区，就是以擅长农业闻名的。到了战国时期，关中就有了天府之国的美称。秦人更是凭借关中丰裕的经济基础，完成了统一大业。特别需要一提的是，秦在关中平原地区兴修的大型水利工程——郑国渠，不仅使关中地区的抗灾防灾能力大大加强，还改良了关中的土壤，从此"关中为沃野，无凶年"。

西汉继承周秦，定都关中，不仅看重关中"四塞以为固"的险要形势，也看重关中肥沃的土地与丰富的物产，因为这才是都城供给的重要保障。故西汉时期也是致力于经营关中的。

西汉时期的关中，农业得到了进一步发展。在西汉政府的重视下，民皆归于垄亩，田野尽垦。水利事业更加发达，至西汉中期，还兴起了一个水利建设的高潮。关中中部，在池阳县境内兴修六辅渠，以灌溉郑国渠旁高亢之地。引泾工程更修为白渠系统，以浇灌原郑国渠灌区的土地，只是其规模比原来的郑国渠系统要小。在周至县境内兴修了灵轵渠，以灌溉渭河南岸之地。在关中西部，兴修引自汧水的湋渠和引自渭水的成国渠。在关中东部，兴修了引自洛水的龙首渠，即历史上著名的井渠。湋渠、成国渠、龙首渠的兴修，进一步扩大了渭北地区的灌溉面积。此外，西起长安城，东至渭河入黄处的漕渠，除漕运之外，兼有灌溉之利。

关中地区雨水在一年四季中分布不均，水利灌溉对农作物的生长十分有利。故有灌溉条件的水浇地比旱田的亩产量要高得多。如白渠修成后，人们歌之曰："田于何所，池阳谷口。郑国在前，白渠起后。举臿为云，掘渠为雨。泾水一石，其泥数斗，且溉且粪，长我禾黍。衣食京师，亿万之口。"可见京城供给与灌溉农业之间的密切关系。农业生产技术也不断提高，西汉一代，诸如代田法、区田法、牛耕及耧播等新技术均先发明、使用于关中，然后才推广到更大范围。新技术的应用与推广，都发挥了"用力少而得谷多"的功效。上述种种措施，都促进了关中农业经济的高度发展与繁荣。

除长安城以外，关中西部的雍、东部的栎阳也分别是一方都会。雍是由陇蜀两处来的货物的集散地，铁器的营销点；而栎阳则有"东通三晋"的方便。这两处秦时兴起的都会，并未因秦亡而萧条下去，在汉代依然发挥着经济都会的作用，构成了整个关中繁荣的一部分。

西汉时还徙天下富民于关中，促进了关中商业等经济领域的发展。西汉建立后，强干弱枝是西汉政府一贯坚持的内政方针，因而在很长时期内坚持实行一种徙关东之民以实关中的政策，同时还创设了一种陵邑制，以奉祀帝陵的名义将天下富民迁居于此。如汉高祖九年（前198年），"徙齐楚大族昭氏、屈氏、景氏、怀氏、田氏五姓关中"；汉武帝元朔二年（前127年），"徙郡国豪杰及訾三百万以上于茂陵"；太始元年（前96年），又"徙郡国吏民豪杰于茂陵、云陵"；宣帝本始元年（前73年），"募郡国吏民訾百万以上徙平陵"；元康元年（前65年），"以杜东原上为初陵，更名杜县为杜陵。徙丞相、将军、列侯、吏二千石、訾百万者杜陵"；成帝鸿嘉二年（前19年），"徙郡国豪杰訾五百万以上五千户于昌陵"；等等。西汉一代，在长安城周围共设置了10座陵邑，除7座帝陵外，还有文帝母薄太后南陵、昭帝母赵太后云陵与宣帝父的奉明园（因未为帝不得称陵）均置有陵邑，居住着从关东迁入的数十万人。迁入的关东大富豪将除土地房宅外的资产也带入了关中，如齐国田氏迁入关中，以其所拥有的财富从事商业经营，又很快成为关中的大贾。此外还有"韦家栗氏，安陵、杜杜氏，亦巨万"等，也都是家资以万计的富商。司马迁说："长安诸陵，四方辐凑并至而会，地小人众，故其民益玩巧而事末也。"古代把工商业视为末业，诸陵为富豪聚集地，人多而地少，故富豪人家以其多余资本从事末业，实际便是从事工商业，遂促进了关中地区工商业的发达与繁荣。

西汉时期的长安城，作为国家的首都，是全国的政治、经济与文化中心，也是全国最大的城市。在西汉一代的致力经营下，长安城很快就呈现出强大的发展活力。工商业迅速恢复与发展，并日趋繁荣，主要表现是：市场规模更加庞大，交易更加活跃；来自全国各地的商人，甚至是外国的商人，云集于此，既销售他们带来的产品，又要采购他们返程时需要的商品带回本地销售。市场上的商品琳琅满目，商品的种类丰富多样，进行交易的人熙来攘往，热闹非凡。长安城就是一个巨大的中心市场，全国各地的货物在此聚散。

太史公司马迁认为，在人类的社会运行中，要满足人们的生活需要，必"待农而食之，虞而出之，工而成之，商而通之"。司马迁肯定了农、虞、工、商4个行业的同等重要性，无论缺少哪一个，都会给人们的社会生活带来不便。而在长安城这个人口高度集聚的地方，就更需要农、虞、工、商4个行业的密切配合，才能保障长安城的有效供给。

长安城的手工业，以纺织业为例，长安城中的官府纺织机构有东、西两个织室，由少府管辖，属官有东织、西织令丞，每年经费达数千万之巨。产品除主要供给皇室之外，还会有部分外赠之物，如和亲时送于匈奴单于的衣被服装等。当然还会有其他的手工业生产部门，因为缺乏记载，一时难以说清。而考古发现的铸钱、制陶作坊，无疑也是长安城手工业的一部分。

长安城的商业，班固《两都赋》说："内则街衢洞达，闾阎且千，九市开场，货别隧分，人不得顾，车不得旋，阗城溢郭，旁流百廛。红尘四合，烟云相连。于是既庶且富，娱乐无疆，都人士女，殊异乎五方，游士拟于公侯，列肆侈于姬姜。"张衡《西京赋》也说：长安城"廓开九市，通阛带阓。旗亭五重，俯察百隧。周制大胥，今也唯尉。瑰货方至，鸟集鳞萃，鬻者兼赢，求者不匮"。这两处记载，反映了长安城的交易市场规模十分庞大，贸易种类繁多，贸易人流熙熙攘攘，一派繁忙景象。这些生动的文字，都是市场繁荣的真实写照。

除此之外，长安城还是一个国际性的大都市，每年吸引着众多的外国商人前来进行贸易或交换。据记载，在当时的长安城中，因发展贸易的需要，开设的市场增加到9个，甚至出现了外国商人的集中居住区，称为"藁街"。全国各地的丝织品汇聚长安，成为外国商人的抢手货。由于外国商人到长安，主要以丝绸贸易为主，他们行走的路线也就成了以运输丝绸为主的交通路线，即丝绸之路。

第七章　两汉长安的学术与科技文化

两汉时期影响最为深远的文化政策，是确立了儒学在百家之学中的主导地位，为统治阶级巩固政权、维护大一统局面起到重要的作用。两汉长安不仅出现了董仲舒、刘向、刘歆等影响深远的硕儒，史学与文学艺术成就斐然，而且在农学、天文学、算学、造纸术、医学等领域也有所创新与突破。

一、两汉长安的学术文化

汉武帝时代影响最为深远的文化政策，是确立了儒学在百家之学中的主导地位。汉武帝贬斥黄老刑名等百家之言，大举贤良文学之士，并下诏征求治国方略。董仲舒以贤良身份，就汉武帝提出的命题，昌言治世策略，提出了"天人感应"、"大一统"学说和"罢黜百家，独尊儒术"的主张。

董仲舒，汉广川郡（今河北枣强）人，是一位与时俱进的思想家。据《史记·儒林列传》记载，西汉初年，传习五经的硕儒一共有8人。言诗于鲁则申培公，于齐则辕固生，于燕则韩太傅；言尚书自济南伏生；言礼自鲁高堂生；言易自菑川田生；言春秋于齐鲁自胡毋生，于赵自董仲舒。董仲舒在五经中，最擅长的是《春秋》公羊学，《春秋公羊传》的大宏于世，有赖董仲舒的首倡。

西汉初年，社会环境宽松，孝惠帝下令解除"挟书之律"，文帝提出献书之策。自此，因秦始皇焚书坑儒而秘藏的儒家典籍纷纷再现于世，儒学逐渐兴盛。武帝初年，执掌权柄的窦太后好黄老之学。此时的董仲舒在政治上并无建树，却潜心研讨百家学说，并广招生徒、传授学业，积极培养儒学人才。

武帝元光元年（前134年），各地荐举贤良文学之士一百余人，经笔试、殿试，董仲舒拔得头筹。汉武帝召董仲舒对策，连问三策，董仲舒以贤良答对，史称《天人三策》或《举贤良对策》。

第一策主要是"天命"和"性情"问题。他认为有天命存在，灾异就是天与人的对话。所谓"天人感应"，就是天和人互相感应、互相影响。国家政治有失，天就出现灾害以示警告；如不知自省，天又出怪异现象再次警告；如还不知悔改，天则改变成命，使其丧邦失国。

他认为，命是上天的意愿，性是天生的本质，情是人的欲望。统治者施行德政，老百姓就仁爱长寿；统治者施行暴政，老百姓就粗野短命。秦之流毒至今未灭，说明单凭"法""令"而求得国家治理的成功，是不可能的事情。琴瑟的音色不正、声调不和谐，就应调整琴弦，予以"更张"。国家政令推行不顺，也应重新调整法令政策，予以"更化"，革除积弊，才能求得行政成功。只有革除亡秦的苛法暴政，改变汉初因循守旧的惰习，力行儒家仁义礼智，才能形成积极有为的政治导向。要谋求"善治"，须强调"教化"的作用。"教化大行"，则可实现"天下和洽，万民皆安仁乐谊，各得其宜，动作应礼，从容中道"的境界。

第二策主要包括4个问题。

一是黄老无为和孔孟有为的问题。武帝问：尧舜之时，垂衣拱手无所事事，天下太平；周文武时，整日勤勉工作，无暇吃饭，天下同样得到治理。帝王的治国之道，难道没有可共同遵循的原则吗，何以劳逸差别如此悬殊？董仲舒回答说：那是由于所处的具体时代不同。他认为，无为与有为要看是否符合当时的具体历史特点，符合就是合理的。他还告诉汉武帝，汉承秦敝，必须力行有为！

二是关于黄老尚质与儒学尚文问题。武帝问：俭朴的君主连黑色、黄色的旌旗都不制作，但周代却甚其文饰。帝王治国之道难道旨趣不同嘛？董仲舒答：文采用黑色黄色来装饰，为的是分尊卑、别贵贱、培养道德修养。奢侈显得傲慢，俭省则显得寒酸，过分奢侈和过分俭朴都不恰当。《春秋》中提到，君王受命之先要更改历法，变换所用车马、祭牲和服饰的颜色，为的就是要顺应天命。良玉和一般的玉资质本来就不同，良玉资质润美，不刻琢也是珍宝；但一般的玉如果不雕琢，就更没有什么价值了。同理，"君子不学，不成其德"。

三是任德任刑问题。武帝问：周成王、康王不用刑罚四十多年，天下无人犯法，监狱空虚；而秦国用刑严酷，死者众多，却奸邪不止。这是为什么呢？董仲舒答：圣王治理天下，对年幼的反复教导，对年长的量才录用，用爵位和俸禄培养品德，用刑罚禁止作恶，所以人民懂得礼义而以冒犯长上为羞耻。周武王倡导正义，周公制礼作乐以成定规，至成康之时方达太平，这正是教化的浸染和仁义的影响。而秦朝效法申不害、商鞅之法，推行韩非的主张，并未用礼乐道德来教化天下。百官阳奉阴违，一味谋求私利。加之酷吏当道，强盗蜂起，这时候即使刑罚很重，奸邪也消除不了了，就是因为"俗化使然也"。

四是现实问题。武帝问：我发展农事，任用贤人，籍田亲耕，劝孝崇德，问勤恤孤，却并未显现功德。如今阴阳错乱，灾气充塞，未能拯救百姓，廉洁和无耻颠倒，贤人和恶人混淆，原因何在？董仲舒答：陛下一统天下，四海归从，但功绩没有体现到百姓身上，是因为您对社会与现实问题关注不够。平时没有教养士人，却想得到贤人，就好比不雕琢玉却想得到文采一样。只有开办太学，安排高明的老师来教养士人，才能得到出类拔萃的人才。如今阴阳错乱，灾气充塞，是因为地方长官不贤明。今日的地方官员的升擢是论资排辈，积累时日只为取得富贵，因此廉洁与无耻相乱，贤和不肖混淆，人才选取混乱，贤才无法得到重用。只有量才授官、以德定位，那么廉价和无耻就不同路，贤和不肖就不会混到一起了。

第三策，汉武帝重申天问，要求董仲舒就"天人之应"、"古今之道"与"治乱之端"等进行更全面、更彻底、更深刻的说明。董仲舒进一步申明，天是万物之祖，包容万类，调和万物，所以圣人效法天而确立道，博爱无私，布施仁德以厚待人民，设立礼义以引导人民。天人之间的征验，是从古至今不变的原则。君王谨慎地上承天意，使命能善始善终；下则尽心教化人民，使人民的良好品性能完满形成；努力确定适宜的法度，取分上下的等第，使情欲受到规范节制。做好这3个方面，国家的根本就奠定了。

董仲舒认为，《春秋》主张的大一统，是天地的永恒原则，古今共通的道理。他提出，凡是不在六艺的科目之内，不属孔子的学术范围的，对他们的主张全部禁绝，不让其他学说齐头并进。这样可以统一学术体系，显明法度，民众就知道应当遵循什么了。

此番对策为汉武帝建立不同于秦的专制集权提供了理论，他先后采取了3项措施以巩固统治：一是立五经博士；二是开设太学；三是确立察举制。可以说，董仲舒的思想，是巩固西汉王朝统治秩序与维护大一统局面的官方哲学，为后世的封建统治者提供了理论基础。

董仲舒的著作，均是阐明儒家经学思想的，除上奏奏疏和条陈共123篇；还有论说《春秋》记事的得失的文章《闻举》《玉杯》《繁露》《清明》《竹林》等；又有对之"天人三策"数十篇。共有十多万字合为《春秋繁露》一书，流传后世。

在文化方面，刘向、刘歆在今古文经学方面做了很多努力。

刘向字子政，本名更生，是汉室宗亲。12岁时因其父刘德的原因，在宫中为辇郎；宣帝时，为谏大夫；元帝时，任宗正。曾反对宦官弘恭、石显而下狱，不久获释。后又因反对恭、显而下狱，免为庶人。成帝即位后，又获起用，任光禄大夫，曾奉命领校秘书，所撰《别录》为我国最早的目录学专著。

刘向著述见于《汉书·艺文志》记载的有《五行传记》11篇，《稽疑》1篇，《新序》《说苑》《世说》《列女传颂图》等67篇，《说老子》4篇，赋33篇，《琴颂》1篇。《说苑》《世说》《列女传颂图》是刘向散文创作的主要成果。他辑录经史百家之言，以人记言，以事记言，作品睿智明哲、洗练精辟。

刘向著述有两个鲜明的特点：一是多引前代历史人物、事件，从中发掘可资借鉴的思想观点，希望统治者能汲取前人的经验教训，改善自己的治国方略；二是与董仲舒等儒家学者一样，多谈灾异，以灾示警，分析天子政策的失误，希望天子有所警惕，及时改进。

河平三年（前26年）到绥和二年（前7年）的20年间，刘向一直在天禄阁校勘包括经传、诸子以及诗赋等古籍。校书的工作包括收集、清理、删重、分类、校雠、誊抄定本等内容。每校一书，"辄为一录，论其指归，辩其讹谬。随竟奏上，皆载在本书，时又别集众录，谓之别录，即今之《别录》是也"。《别录》是中国目录学最早的专著，刘向是介绍中国历史文献的第一人。

刘向一生致力于古籍研究，其未竟的事业由其子刘歆续成，刘歆以刘向编写的《别录》为基础，根据天禄阁群书的实际排架的结果，编撰成总结群书的目录学著作《七略》，共分38类596家13269卷。《七略》不仅是中国第一部图书馆书目，也是中国藏书由档案库过渡到藏书楼的开始。

自武帝建元五年（前136年）兴太学起，设置了五经博士。这五经博士所传授的儒家经典，是用汉代当时通行的文字写就的，人人耳传口诵，史称今文经。甘露三年（前51年），宣帝广征群儒，聚集石渠阁，考定五经，今文经学日益兴盛。

与今文经相对的是古文经。相传鲁共王在修建孔子住宅时，在墙壁中发现用汉代以前的文字书写的《古文尚书》《礼》《论语》《孝经》等数十篇。而后，汉景帝之子河间献王刘德又挖出《周官》《礼经》。这些经典都是用汉以前的文字书写的，史称古文经。初时，古文经只在民间流传，没有设置博士，也未立学官，与今文经相比无政治地位，并不受重视。

成帝河平年间（前28—前25年），时任光禄大夫的刘向校读藏于皇帝秘府中的古文经籍，发现有文字错简等问题，看出古文经与今文经在经文本身上的差异，但此时尚未构成古文经与今文经对峙的局面。西汉末年，刘向之子刘歆向汉哀帝进言，建议将古文经《左氏春秋》《毛诗》《古文尚书》《逸礼》列入官学。此建议却遭到今文学家的反对。哀帝便命刘歆与今文经学博士辩论。双方针锋相对，争论激烈。辩论过后，刘歆撰写了《移让太常博士书》，斥责今文经派"党同妒真""安其所习、毁所不见"，是抱残守缺之辈。哀帝死，平帝即位，王莽掌管朝政，后篡权建国。王莽以刘歆为精神导师，将其倡导的古文经发扬，为古文经成立了《周礼》等的5个博士，使古文经成为官学。东汉光武帝即位后，为清除王莽余迹，废除古文经学，重新倡导今文经学，并立14个今文经博士。

今古文经相争的实质并不是学术歧见，而是政治改革的不同主张在学术领域的反映。托古改制的维新思想，至刘歆时形成了一整套完整的理论体系。其产生的社会环境，诚如鲁迅所言，"在中国，即使是动一张桌子，改动一个火炉，几乎也要流血"。刘歆所做的"借尸还魂"的努力，不得不说是在民族历史上寻求革新道路中的无奈选择。

总体而言，西汉长安士大夫不尚空谈，追求自由、豪迈、奔放，及至东汉的豪强社会，随着首都东移洛阳，长安出现了一段相对沉寂的过渡期。

东汉政权肇造于自幼喜好务农的读书秀才刘秀。刘秀是刘汉皇室的远枝子孙，曾入长安太学，机警而多智。在西汉末年的社会动荡中，他承担起了重续汉祚的责任，建立了东汉王朝。但东汉以来，豪强并起，使得社会文化风尚为之一变。而关中这块旧土，文武并兴，豪杰士大夫各领风骚。著名的有第五伦、廉范、苏章、马援等辈。

第五伦，字伯鱼，京兆长陵（今陕西咸阳东北）人。在汉末农民起义中，曾与宗族闾里筑堡以防御流民骚扰，颇得民望。京兆尹阎兴召为主簿，后任铸钱掾，领长安市。他统一度量衡，规范市场，百姓悦服。建武二十七年（51年），举孝廉，得光武帝召见，并颇受赏识，拜会稽太守。会稽地区因风俗喜欢占卜，多滥设祀庙。民众常常杀牛祭神，百姓因此乏财。先后几任郡长官都不敢禁止杀牛祭祀的做法。第五伦上任后，诏令百姓，凡有巫祝宣扬鬼神之说恐吓百姓者一律问罪，随意杀牛的人即便是官吏都必须处罚。此举一出，民众恐惧，甚至有巫祝妄言诅咒，第五伦不因一时的困惑而动摇，仍加紧追查杀牛之责，将这一愚昧现象逐渐杜绝，百姓得以安定。第五伦虽为二千石官，仍亲自锄草养马，妻子为炊。受俸禄仅留一月粮，其余皆助百姓中的贫困者。后任蜀郡太守等职，所至皆有政声。他举荐孤贫有志行者为属官，多至两千石。章帝即位之初，出任司空，奏请抑制马、窦等外戚不断显扬的权势，公然上书言：贵戚可封侯使其富贵，但不应委以重任。

第五伦严于律己，言事不阿附，性质憨，少文采，任官以贞洁著称，当时人把他比作西汉的贡禹。最后，第五伦以老病请求退归故里，80余岁而卒，皇帝诏令赐给安葬的秘器、衣衾和钱布，以示优抚。

廉范，字叔度，京兆杜陵人，赵将廉颇之后，汉明帝时被推荐为茂才，又为云中太守。恰逢匈奴大举南侵，烽火连天，廉范亲率士卒抵挡。《后汉书·廉范传》载：适逢匈奴大举入侵，按照以往的做法，入侵之敌超过5000人，就可向邻郡请求救援。下属官吏正准备送书求救，廉范则顾不了这些，自己率兵前往迎敌。敌军人多势众，而廉范所部明显处于弱势。于是在天黑以后，廉范命令所有士兵将两支火炬十字形交绑在一起，三头点火，形成队列。敌军从远处看见一大片火把，以为汉军的救兵到了，很吃惊。准备等到第二天拂晓退兵，但这时廉范令所部先吃顿饱饭，天一亮就发起进攻，顷刻之间就杀入敌阵，敌军不及提防，慌乱之中，互相践踏，死亡超过千余人。从此以后，敌人再不敢侵犯云中了。

其后，廉范先后任武威、武都两郡的太守，改良当地风俗与教化训导百姓，皆有政绩。建初（76—84年）中，改任蜀郡太守，蜀郡的人善于辩论，互相之间尤好争论短长，廉范常导之以淳朴厚重，不屑圆滑浅薄之辈。成都物产丰富，但房屋之间的街道很窄，故之前的政令禁止百姓夜间活动，但百姓仍偷偷外出活动，火灾时有发生。廉范废除之前的禁令，却要求百姓需存储足够的水防火，得到了百姓的拥护。廉范和洛阳人庆鸿是刎颈之交，当时人称赞他们说：从前有管仲、鲍叔牙，现在有庆鸿、廉范。

苏章，字孺文，扶风平陵人，是武帝时期抗击匈奴名将右将军苏建之后。苏章从小便十分博学，妙笔生花。汉安帝在位的时候，朝廷荐举贤良方正之士，苏章应对得当、策论高妙，得以任用，一度外放武原县令，时值灾荒岁月，苏章开仓赈灾，活人无数。顺帝时，升任冀州刺史。境内的清河太守和苏章是朋友，章至清河查访案情，清河太守以故旧之情宴请他，并借叙旧之机说道："人皆有一天，我独有二天（意即受苏章的保护）"。苏章称："今日我与你故人叙旧，是私人关系；明日我是冀州刺史办案，则依法行事。"第二日清河太守被依法治罪，冀州境内人人皆知苏章刚正无私。

《后汉书·苏章传》记：当时国家经济日益凋敝，老百姓凄凉愁苦，有人举荐说苏章是个能力很强的人才，但朝廷因时局不能再次起用苏章，以至他居家到老。一位本可以有所作为的国之干臣，由于受时局的掣肘而未能发挥其为国效力的才干，令人为之叹息。

马援是东汉开国功臣之一，扶风茂陵人，少年时便志气不凡，"诸兄奇之"。曾跟人学习《齐诗》，但其心不在章句上，学不下去。于是，他向长兄马况告辞，要求到边郡去种田放牧。马况很开明，同意了他的要求，嘱咐他说："你是栋梁之材，但大器晚成。好的工匠让人看的不是未完成之物，我支持你从事自己所喜欢的事业。"没等马援出行，马况去世，马援为哥哥守孝一年。一年中，他没有离开过马况的墓地，对守寡的嫂嫂非常敬重，不整肃衣冠不踏进家门。他曾做郡督邮，在押送囚徒时半道开释罪犯，从此流亡北地。后与归附的几百宾客从事游牧，因经营得计，收获颇丰。他曾慨然长叹说："凡经营治产而富，可贵的是能乐善好施，否则就是守财奴而已。"于是，他把自己的财产都分给兄弟朋友，自己却过着清简的生活。他常常对宾客们说："大丈夫要立定志向，不得志时志向应更加坚定，即使上了年纪也应当豪气不减。"

新莽时期，马援曾被举荐为汉中太守。王莽失政，马援为陇右军阀隗嚣的属下，甚得隗嚣的信任。

建武四年（28年），马援出使成都公孙述政权与洛阳的刘秀政权，一番权衡之后，决定投靠刘秀。建武八年（32年），刘秀军西征隗嚣，马援按图指点进军路线，光武帝特别高兴，说："我似乎已经看到敌军踪影了。"刘秀西征胜利，马援出任太中大夫。

建武十一年（35年），西羌造反，马援虽已年迈，但仍请缨西讨，他出兵临洮，讨伐为首作乱的先零羌，在军事弹压的同时致力于民族和解，并积极经营湟中，在其地兴屯田、修水利、农牧并举，使当地经济迅速恢复与发展。

建武十六年（40年），交趾征侧、征贰起兵反抗，一时九真、日南响应，岭外60余城遭受战火，征侧自立为王。此时，朝廷以马援为伏波将军出兵讨伐，建武十八年（42年），汉军击败二征主力，平定岭南。为恢复岭南地区的社会秩序，马援积极在交趾修治郡县城郭，开凿渠道，发展生产，移风易俗，废除苛法。这一地区之后始终遵行马援所申法律，所谓"奉行马将军故事"，使东汉王朝在岭南地区的统治得以巩固。

马援的队伍从交趾回军时，还没到京师，好多故旧老友都去迎接他、慰问他，平陵人孟冀也在其中。孟冀以多智著称，他在席间向马援祝贺。马援对他说："我希望你能有好的建议，怎么和大家一样呢？之前伏波将军路博德开置七郡，才受封数百户；而我仅有微薄的功劳，竟获食封大县，功劳不大而赏赐丰厚，如何能保持长久，先生有什么良法相助？"孟冀回答："我不行。"马援又诚恳地说："目前匈奴、乌桓都在寇扰北部边境，我想请求带兵征讨。是男子汉就当效死于疆场，以马革裹尸送回安葬，怎么能死在儿女侍奉的病榻上呢？"孟冀说："若为殉国之烈士，的确应当如此。"这便是"马革裹尸"的来历。

马援封侯之时，没有自己庆贺，而是犒赏将士。他畅言："我的堂兄弟少游常叹息我为人慷慨、胸有大志，曰：'士大夫的一生，只要衣食不缺乏，出行只需有可供驱使的车马，在地方郡县中担任一官半职，守护好家园，在乡里赢得美誉，就满足了。至于多求财货，那是自找苦吃罢了。'当我在浪泊、西里期间，敌军尚未败灭，地面水泽，天上浓雾，毒气蒸发袭人，眼看着飞鸢从空中跌落入水中，就想起少游说过的话。现依赖大家之力，蒙受大恩，先于诸君系金佩紫，既高兴也惭愧。"于是，下属更是倾心拥戴他。

马援善言军事，光武帝常对人说："伏波论兵，与我意合。"因此，凡是马援提的建议，光武帝都予采纳。

建武二十三年（47年），武陵五溪蛮抢掠郡县。已经62岁的马援请求将兵征讨，光武帝担心他年事已高，不许。马援说："臣尚能披甲上马。"光武帝令他试骑，马援"骑马据鞍，顾望四周，以示可用"。光武帝笑道："很精神呀老头子！"

建武二十四年（48年），马援在讨伐武陵五溪蛮时，病死军中。马援一生，致力于东汉王朝的安定统一，民族之间的和谐共处。他作风朴素，因而备受下属拥戴，其"老当益壮""马革裹尸"的气概更是为后人所敬仰。孙中山先生在给蔡锷的挽联中就曾写道："平生慷慨班都护，万里间关马伏波。"将蔡将军视为自己心目中的伏波将军——马援。

东汉时期，经学复倡，关中作为汉家根基，涌现了大批学术名家，代表人物有杜林、贾逵、马融、李育、赵岐等人，形成了群星璀璨的关西学派。

杜林，字伯山，扶风茂陵（今陕西兴平）人。少好学，博洽多闻，时称"通儒"。杜林初仕为郡吏，即郡衙中的一般工作人员。王莽篡政失败，全国盗贼蜂起，杜林与弟弟杜成为避难而流落河西。隗嚣素闻其贤名，以礼待之，并出令曰："杜伯山天子所不能臣，诸侯所不能友，盖伯夷、叔齐耻食周粟。今且从师友之位，须道开通，使顺所志。"杜林仍不为所用，遂遭受拘禁。建武六年（30年），杜林借弟弟杜成去世之机，请求扶枢东归。隗嚣放他走后又觉后悔，遂指使刺客杨贤追杀杜林于陇坻。杨贤追上杜林，见其推弟弟丧车之状，乃叹曰："当今之世，谁能行义？我虽小人，怎么忍心杀这样的义士！"就放过了杜林。

后杜林投光武麾下，光武帝刘秀非常器重杜林，征为侍御史，"赐车马衣被"。群僚知杜林以贤德见用，皆有敬畏之情。又因其学识渊博，在京城士大夫中颇负人望。

杜林曾在凉州得漆书《古文尚书》一卷，爱不释手，虽处困境，仍书不离手。回到关中，杜林将其书传授东海卫宏和济南徐巡，这二人都是有名的古文学家，以之砥砺学术，使得古文经大为流行。后世推崇杜林为"小学之宗"。

贾逵，字景伯，扶风平陵（今陕西咸阳西北）人。他的九世祖是汉初名儒贾谊。其曾祖贾光从洛阳迁徙关中平陵，其父贾徽兼治《春秋左氏传》《国语》《毛诗》《周官》《古文尚书》等。贾逵自幼随父学习，得其父之真传。20岁时，不仅掌握了其父所习学问，还兼通五家《谷梁春秋》之学。其中贾逵最精通的是《春秋左氏传》和《国语》，并为二书作解释和训诂，分别形成了《春秋左氏传》解诂30篇和《国语》解诂21篇。

之后，贾逵给汉明帝上疏，请献所撰之书。汉明帝对这两部献书很重视，并派人抄录，藏之密阁。

汉章帝好儒，特别喜欢《古文尚书》与《春秋左氏传》。建初元年（76年），诏贾逵到北宫白虎观、南宫云台讲授二经，深得章帝之心。之后，贾逵受命撰写了欧阳《古文尚书》与大、小夏侯《古文尚书》的异同，接着又撰写了齐、鲁、韩3种《诗经》与《毛诗》的异同，都深得章帝赏识。

贾逵一生，其所著经传义诂等文达百万余言，又有诗、颂、诔、书、连珠、酒令等文，为天下学者尊为宗师，也被后世称为"通儒"。

马融，字季长，扶风茂陵人。年轻时就以俊才善文而名，又从关西大学者挚恂学习。挚恂赏识其才华，还把女儿许配给他。安帝永初年间（107－113年），因大将军邓骘举荐，任校书郎，诣东观（朝廷藏书处）典校秘书。因其作赋得罪了邓太后，10年不得升官。邓太后去世后，安帝亲政，才召拜郎中。汉桓帝时，一度外任武都、南郡太守，几经政治波荡，最终再返东观著述。后以病辞官，居家教授。

马融博通今古文经籍，世称"通儒"。他曾打算为《左氏春秋》作注，但已有贾逵、郑众的注解，都很有特色。他认为贾注精当而不博、郑注广博而不精，既然精与博都有了，自己还做什么呀！遂撰写《三传异同说》，成为集大成的一部专著。马融还著赋、颂、碑、诔、书、记、表、奏、七言、琴歌、对策、遗令等，凡21篇。马融综合各家、遍注群经，使古文经学开始达到成熟的地步，也预示着汉代经学发展进入了新时期。同时，马融还升帐授徒，学生多达400余人，其中就有郑玄、卢植等人。

马融好音律，弹琴吹笛无所不精；又达观任性，不拘儒者之节。其居室、用具以及服装等，都有华丽的装饰。他时常坐在挂着绛紫色纱帐子的高大厅堂之上，堂前是他教授学生的地方，堂后又是吹拉弹唱之处。魏晋清谈玄学之风气，实肇端于此。

李育，字元春，扶风漆县（今陕西彬县）人，少年时苦读《春秋公羊传》，闻名太学。州郡慕名延请，他总是托病辞谢。他在家一心治学，并广收门徒。他认为《春秋左氏传》文采虽好，但不合圣人古意，遂作《难左氏义》41事。汉章帝时期，拜为博士。79年，章帝诏令儒生在白虎观讨论五经，李育坚持今文经立场，与古文经派贾逵激辩，二人都有充分的理论依据，辩论相持不下。二人堪称少有的今文经与古文经大师。

赵岐，字邠卿，京兆长陵（今陕西咸阳东）人。初名嘉，字台卿，避难时改名。少习明经，有才艺，善画，娶扶风名儒马融的侄女为妻。后以马融投靠豪强，鄙视而不相见。他曾担任州郡官吏，为政清明廉洁。而立之年，忽有重疾，卧床达7年之久。赵岐曾应大将军梁冀之召，为其陈损益求贤之策，但没有被采纳。由于不愿与宦官为伍，故潜逃至北海（今山东昌乐西北）卖饼。安丘青年孙嵩慧眼识英雄，把赵岐带回家中藏于复壁之内3年。赵岐隐忍困厄，以坚强的毅力在复壁中作《孟子章句》《三辅决录》等。其《孟子章句》收入《十三经注疏》，被视为不刊之论。

二、两汉长安的史学成就

两汉的史学巨著影响深远，司马迁的《史记》与班固的《汉书》皆为后世史家遵从的模板。

司马迁，字子长，左冯翊夏阳（今陕西韩城）人，生于建元六年（前135年），是我国历史上伟大的史学家、哲学家、文学家。其父司马谈在汉武帝初期任太史令，学问渊博，精通天文术数，著有《前家要旨》。司马迁早年受到良好的教育，10岁时随父迁至长安，学会篆字，能诵读用篆字写的先秦古文。曾跟孔安国学习过古文《尚书》，大约还听董仲舒讲过《春秋公羊传》。他博通六艺，涉猎各种典籍及先秦诸子百家杂语；精天文、律历、地理，并知医药、乐、占卜；喜文学，尤其推崇屈原、贾谊、司马相如的辞赋。20岁时，他第一次远游，足迹遍及长江中下游地区和今山东、河南等地。

返长安后，他做了郎中。此后，他侍从汉武帝到过今山西、河南、甘肃、内蒙古等地。

元鼎六年（前111年），25岁的司马迁以使者监军的身份，出使西南夷，到过巴、蜀、邛、笮、昆明等地，直接深入地了解各地历史典故，掌握了很多一手资料。次年，他从西南夷返回，见父于河洛之间。司马谈向儿子吐露了自己"欲论著"的夙愿，谆谆嘱咐司马迁踵其事业。

司马谈死后，时年38岁的司马迁接替他做了太史令，他继承父亲遗愿，大量阅读搜集国家藏书。太初元年（前104年），司马迁倡议并参与改历，将汉朝沿用的《颛顼历》改为比较精密的《太初历》。同年，他开始撰写千秋巨著《史记》。但这种潜心学问的生活只维持了5年，就被飞来横祸打断了。

天汉二年（前99年），司马迁为败降匈奴的李陵辩护，触怒了汉武帝，被定了"诬罔主上"的罪名，施以腐刑。司马迁家贫，无钱赎罪，也没有亲戚朋友救助。为了完成父亲遗愿，为了撰著《史记》这一名山事业，他含垢忍辱接受腐刑。身体上的奇耻大辱让他的精神也受到很大打击，"是以肠一日而九回"。不久，他被任命为中书令。经过近20年的努力，他把自己全部的才学、见识和心血，都贯注于著作之中，终于完成了开创我国史学新时代的不朽著作——《史记》。

《史记》是我国历史上第一部纪传体通史。全书包括帝王本纪12卷，公侯世家30卷，人臣列传70卷，以及十表、八书18卷，全书共130卷，526500余字。

《史记》包括的时代和记载的内容之广，是前无古人的。它上自黄帝之时，下迄武帝太初年间，记载了约3000年的历史。它所记载的地理范围，延伸到了今日我国的版图之外，西至中亚，北至大漠，南至越南，东至朝鲜、日本。在这广阔的时空间架上，展开了博极天地、囊括古今的人类社会史的完整画卷。人类社会生活的各方面，如政治、经济、文化、科技、交通、民族、民俗、宗教；构成社会的各阶层，如皇帝、贵族、官吏、将士、学者、游侠、卜者以至农工商贾，都得到了较全面的反映。

《史记》是一部具有深刻思想性的著作。司马迁主张从"究天人之际""通古今之变"这两方面来探讨问题。

在"究天人之际"方面，司马迁清理当时已被神话的上古史，摒弃了传说中的神话成分。他还注意把附会在历史中的神意从人类史中清理出去。他批判公羊说中的神秘成分，基本上否定"天道"对人存在善恶报应。对历史上的重大事件，他也基本反对那种由上天决定的谬说。虽然他不能从根本上解决这些神秘思想产生和存在的原因，但却力图从社会存在本身去解释这些现象。

在探讨"古今之变"时，司马迁表现出了朴素的唯物史观。十表和八书是集中表达古今之变的篇章。有些表的序文，概括地讲了古今之变的大势。八书论述典章制度，重点也是概述有关典制、社会经济、学术文化、军事、天文、水利、风俗等方面的古今之变。司马迁通过对历史全过程的分析，通过现象看本质，找出变化的真正原因和趋向。他看到历史变化有一个由发生、发展到最后剧变的过程。因此，司马迁为项羽立本纪，为农民起义领袖陈胜和传道授业、政治上不得志的孔子立世家，也为被视作三教九流的富商巨贾与侠客义士立传。其治史的识见，确非常人所及。

《史记》成书后，未即流行。汉宣帝时，司马迁的外孙杨恽才公布于世。《史记》以其"秉笔直书"的特点，不虚美，不隐恶，敢于触及时政，反映出历史的真实面貌，被奉为"实录、信史"。鲁迅评价《史记》为"史家之绝唱，无韵之《离骚》"。

两汉的长安，先后出现了几位伟大的史学家。其中以扶风安陵的班门最为显赫。

班彪字叔皮，性情稳重好古，善于文学著述。他20多岁时，战乱不断，隗嚣拥兵占据天水，班彪避难投奔隗嚣。为劝隗嚣归依汉室，班彪作《王命论》感化之，结果未能如愿。后至河西，为大将军窦融从事，劝窦融支持光武帝。东汉初，举茂才，任徐县令，因病免官。班彪学博才高，专力从事史学著述。当时许多人采集时事以接续《史记》，"然多鄙俗，不足以踵继其书"。班彪乃"继采前史遗事，傍贯异闻，作后传数十篇"，这是后来其子班固撰写《汉书》的基础。他总论前代史书得失，重点分析《史记》的写作经验，比较分析《史记》的不足，这是其史学观和文学思想的概括，也是他续写《史记》的基本设想。

建武三十年（54年），班彪卒于官。其著赋、论、书、记、奏事等9篇；续《史记》，补写昭帝以后传记数十篇，后经班固缀集所闻、补充修改，成为《汉书》的重要部分。

班固为班彪的长子，字孟坚，自幼聪慧，9岁即能撰写文章、诵读诗赋，长大后博贯群书，九流百家之言无不通晓。所学无常师，不固守章句，着重理解书中大义。建武三十年（54年）班彪卒后，23岁的班固自太学返回乡里。居家时，在父亲《后传》基础上开始编写《汉书》，不久，有人向朝廷告发班固"私修国史"。汉明帝下诏收捕，幸得其弟班超上书申说班固著述之意，恰好郡里也呈上班固所写之书。明帝得悉事实原委，亦颇欣赏班固的才学，便召他到校书部做兰台令史，命他参与《世祖本纪》即光武帝传记的撰写。书成，班固迁为郎，典校秘书。此后，班固又撰功臣平林、新市、公孙述等人事迹，作列传、载记28篇，上奏后，明帝颇为满意，命他继续著书。班固遂采《史记》之例，广泛搜集、编纂，殚精竭虑20余年，至建初年间撰写成《汉书》。《汉书》起于高祖，终于王莽被诛，分为本纪、表、志、传四体，共百篇。

《汉书》是继《史记》之后的又一史学名著，是我国第一部完整的断代史。《汉书》的《百官公卿表》《刑法志》《地理志》《艺文志》等，是《史记》之后的新创。东汉时期，儒学已经确定了文化统治地位，班固的历史观不可避免地受到儒家正统思想的影响，因此《汉书》的历史批判精神较《史记》略有逊色。

班固因《汉书》得以与司马迁并列，班马优劣也一直是史学界的话题。"迁文直而事核，固文赡而事详"，两书均为后世王朝官修正史的楷模。

三、两汉长安的文学艺术成就

长安的文学成就，主要体现在汉赋和乐府诗方面。

赋，是从骚体演变而来的散文和韵文并用的文体。汉赋继承了先秦诸子散文巧文多智的特色。汉初盛行骚体赋，以贾谊的《吊屈原赋》、《鹏鸟赋》和枚乘的《七发》为代表。汉武帝时，赋的创作走向全盛阶段，名家名作迭出。最为著名的是司马相如，他的《子虚赋》和《上林赋》，是这一时期赋的代表性精品。两汉后期，最著名的赋作家是扬雄。东汉时期，班固、张衡的作品地位最高。东汉时期的文学随着时代的变化而变化。前期基本承继西汉文风，辞藻华丽。中期因政治黑暗，士族力量衰弱，文学陷入低谷。之后逐渐复苏，文风发生转变。后期的文学则达到一个新的高峰，并直接开启了魏晋南北朝文学。东汉后期还出现了对社会现实批判的政论性散文。

乐府诗，是中国古代文学宝库中极具价值的宝贵遗产。乐府本是政府的音乐机构。汉武帝时，以李延年为协律都尉，主持编制庙堂乐歌，歌词主要由文人编写，并广泛地在民间采风配乐，代、赵、秦、楚等地的歌谣都是乐府采集的对象。这些经加工配乐的民歌，就称为乐府诗或乐府。乐府诗来源于民歌，内容往往真切地反映了社会生活，表达了民众情感，富有感染力。五言诗肇始于西汉，但在东汉出现了模仿乐府创作的五言诗。《文选》所收录的《古诗十九首》，其中大部分都是东汉时创作的五言诗。

汉代绘画艺术的成就主要体现在帝王宫殿、官僚贵族与豪强地主的宅第和墓葬壁画上。当时，较为有名的是汉武帝时鲁灵光殿壁画，其内容丰富多样，可惜未能保存至今。汉人除了在建筑墙壁和墓壁上作画，还在绢帛、漆器、陶器等工艺品上作画，有彩绘、素墨画、刻缕画等。画作内容涉及神话传说、历史故事，也有渔猎、农事、宴会、出行、乐舞等生活场景，可谓题材广泛、包罗万象。

汉代雕刻艺术在石刻上有充分的展现。一般而言，石刻通常用来装饰宫室和陵墓，以示威严。长安之地埋葬了西汉11位皇帝，探访帝陵，可见精美的石刻作品。如茂陵陪葬墓霍去病墓前的石人、石马、石牛、石虎等，造型生动，神态逼真。这些雕像虽形制巨大，但雕刻艺术精湛，神态生动，栩栩如生，有着很高的艺术价值。

乐府是政府的音乐机构，在汉武帝之前已经设立。乐府广泛地在民间采风配乐，采风范围既有汉族歌曲，又有少数民族和边疆地区的歌曲，如鼓吹曲辞、相和歌辞、杂曲歌辞等。

汉代主要的歌曲形式是相和歌。最初为"一人唱，三人和"的清唱形式，后发展为"相和大曲"，有丝、竹乐器伴奏。鼓吹乐在西北边疆地区也逐渐流行起来。它融合了吹管乐器和打击乐器等多种鼓吹形式，如横吹、骑吹、黄门鼓吹等。或在马上演奏，或在行进中演奏，用于军乐礼仪、宫廷宴饮以及民间娱乐。如今西北一带民间吹打乐，仍有汉代鼓吹的遗风。

汉代还出现了百戏，它是将歌舞、杂技、角抵（相扑）合在一起表演的节目。

汉代律学上的成就，是京房以三分损益的方法将八度音程划为六十律。它体现了律学思维的精微性。从理论上达到了五十三平均律的效果。

四、两汉长安的科学技术成就

汉武帝晚年，因为开疆拓土的巨大损耗，百姓苦不堪言，武帝也深悔征伐与用民力之过，于是下"轮台罪己诏"，以改弦更张，又提出"方今之务，在于力农"，再次把为政的中心转移到发展农业生产上来。

以管理农业生产为主的搜粟都尉赵过，总结广大劳动人民的经验，创造了新的耕作法——代田法，就是把每亩地分为六等分，三分开为深宽各一尺长的畦，叫"畎"，三分堆成高宽各一尺的坎，叫"垄"，"畎""垄"相间排列，田禾种入畎中。次年，垄畎互换其位，是为代田。这种耕作技术优越性大。一是可以把大片休耕变为局部休耕，有利于地尽其利；二是随着畎中禾苗的生长，不断培垄土于苗的根部，起到了保墒、耐旱、耐风的作用；三是禾苗之间行距宽，便于通风采光。由赵过发明的代田法，先由驻守离宫的兵卒利用空闲地进行试验，获得理想效果，再推广到更大范围。据文献记载，代田法用二牛三人耕作，每年可耕种五顷地，亩产量较一般田地增加一石以上。代田法的推广，促进了各区域的农业生产的发展。

氾胜之在汉成帝年间为议郎，知农事，后官至黄门侍郎。他曾以轻车使者的名义在三辅地区指导农业生产，获得丰收。《氾胜之书》是中国历史上第一部完整的农学著作。书中记载了一种新的耕作方法——区田法。区田法是一种成套的农田丰产技术，这种技术实际上是要把大田的耕作提高到园艺水平，对技术条件和人力条件的要求都比较高。通过深耕、勤浇、精管，使农作物获得高产。区田法的推广和运用，大大提高了关中地区单位面积产量，直至清朝仍在运用。

氾胜之对农学的贡献还有很多。例如种子处理技术、防治虫害技术等，在当时都是非常先进的农业技术。他推广使用的溲种法，可将亩产提高到百石以上。

两汉时期，在天文学方面不仅有详细的天象记录，而且有关研究也有重要进展。

汉初沿用秦朝的《颛顼历》，以十月为岁首，但不够精确。汉武帝时，命司马迁、唐都、落下闳等人修改历法，于太初元年（前104年）颁行，称为《太初历》，以正月为岁首。该历法是中国第一部记载完整的历法，采用利于农时的二十四节气，废除年终置闰，而以气候冷暖入闰月，使朔望晦弦较为准确。汉成帝时，刘歆又依据《太初历》作《三统历》，规定一年为365.25日，一月为29.438日，19年有7个闰月，这是当时最精密的历法。东汉章帝元和二年（85年），又改用新的《四分历》。

东汉著名科学家张衡提出了浑天说，认为天地之象如卵之裹黄，天外地内，天动地静。他撰有《灵宪》一书，解释了天体演运的道理。书中阐明了月光是日光的反照，月食是因月球进入地影形成的；还认识到行星运动的速度与距太阳的远近有关。张衡在天文学家落下闳、耿寿昌创制的浑天仪基础上，设计了一种新的浑天仪，其星宿出没与灵台观象所见完全符合。张衡还创造了候风地动仪，以测定地震的方位。

算学方面，早在春秋战国时期，我国古代最早的一部数学专著《九章算术》就已诞生。但秦代焚书，经籍散佚，西汉张苍、耿寿昌收集遗文残稿，加以删补整理，始成《九章算术》。因此，我们以为，这部书亦可作为两汉的成就。

《九章算术》是一部经过长期修改、充益而成的数学专著。最终成稿，应在汉和帝时期。这部书是246个算术命题和解法的汇编，分为方田、粟米、衰分、少广、商功、均输、盈不足、方程、勾股九章。《九章算术》成书，标志着中国古代数学的完整体系的形成。在世界数学史上，《九章算术》也有重要的地位，最早提出了多位数和分数开方法则。

最迟到汉武帝时期，我国第一部天文历算著作《周髀算经》已问世。书中记载了用竿标测日影以求日高的方法，从而使勾股定理得以发现。

从考古发掘资料看，西汉时期的长安就出现了造纸。1957年5月，在西安灞桥的西汉前期墓葬发掘中，发现在随葬铜镜的下面垫有故纸残片，称为"灞桥纸"；1978年，在扶风中颜村西汉宣帝年间的墓葬中也发现古纸，称为"中颜纸"。灞桥纸和中颜纸的原料都是麻类植物纤维。灞桥纸颜色泛黄，结构松弛，纸面粗糙，是目前已知的最早的植物纤维纸张；中颜纸呈现乳黄色，具备一定的坚韧性，色泽较好。中颜纸虽然还无法作为书写材料，但表明时人已经掌握了造纸的技术，也说明关中地区很可能是造纸技术的发祥地。

造纸术的改良者为东汉和帝时的中常侍蔡伦。蔡伦利用树皮、麻头、破布、渔网，经过挫、捣、抄、烘等一系列加工工艺，造成了纸，于永元十七年（105年）献给和帝。他造的纸称"蔡侯纸"。

纸的发明，在中国古代四大发明中，是年代最早、影响最久远、推动文明发展作用最显著的一项文化贡献。

汉代是中国传统医学的重要发展时期，中国传统医学的雏形开始形成，而且出现了很多重要的医学典籍。

《黄帝内经》编撰于战国时期，西汉写定问世，是中国最早的一部完整的医书，标志着中医理论体系的建立。其中《素问》部分假托黄帝与岐伯的对话，用阴阳五行思想解释病理现象和治疗原则。《灵枢》部分则记述针刺之法。汉代《难经》一书，用问难法解释《黄帝内经》，对其中的脉法、针法内容多有发挥。

东汉时期出现的《神农本草经》，共收录药物365种，系统总结了汉代及汉代之前的药物学理论和知识，是中国第一部完整的药物学著作。

东汉名医张仲景，南阳涅县（今河南邓州）人，是此一时期中医学发展的代表人物。他在自己长期医疗实践的基础上，兼收前人的经验与成果，对中医学理论和方法进行了总结和归纳，撰成多部中医学专著，流传至今及见于著录的有《伤寒杂病论》《金匮要略》《五脏论》《脉经》《疗妇人方》《口齿论》等。其中对后世影响深远的是《伤寒杂病论》和《金匮要略》，二著与《黄帝内经》《神农本草经》并为中医四大经典。《伤寒杂病论》与《金匮要略》的重要贡献是确立了辨证施治原则，即中医临床实践的基本原则。故《伤寒杂病论》与《金匮要略》为古今医家推崇备至，被视为"万世宝典"。特别是《伤寒杂病论》一书，系统地分析了伤寒的起因、症状、发展阶段和处理方法，确立了伤寒发病过程中的"六经分类"的辨证施治原则，也奠定了伤寒的病理、治疗与用药的理论基础，是中医学科学发展的重要成果。《伤寒杂病论》与《金匮要略》分别记载的治病方剂为113个和262个，又被称为"方书之祖"。如麻黄汤、桂枝汤、柴胡汤、白虎汤、青龙汤、麻杏石甘汤等著名方剂，至今仍作为中医临床治病的基础药方，其发挥的作用于此可见一斑。张仲景的医学成就反映了东汉时期中医学发展的高度和水平。

第八章　西汉帝陵与陵邑

西汉王朝，凡214年，历经11位皇帝，也留下了11座帝陵。这11座帝陵，有9座位于汉长安城北郊咸阳原上，自东向西依次为景帝阳陵、高祖长陵、惠帝安陵、哀帝义陵、元帝渭陵、平帝康陵、成帝延陵、昭帝平陵和武帝茂陵；2座位于汉长安城东郊，即文帝霸陵、宣帝杜陵。汉长安城北的咸阳原和城东南的白鹿原、杜东原均"地高土厚"，都是适宜修筑帝王陵墓的地方，早在秦时已成为两大陵区。西汉帝陵是西安周边地区重要的历史文化遗产，2001年6月，11座西汉帝陵均被国务院评定为全国重点文物保护单位。

一、一朝皇帝一座陵

刘邦定都关中时，遵照帝陵位于都城之北的传统礼仪，计划于长安城正北咸阳原上建造自己的寿陵，此后咸阳原便成为西汉帝王的主要陵区。按照古代的昭穆制度，在安排帝王陵墓的位置时，要按父子辈份排列，父为昭位，子为穆位，孙复为昭位；昭位居左，穆位居右。但西汉的皇帝并不完全是按父、子、孙的顺序继承的，曾出现兄死弟继、祖死孙继的情况，这就不可避免地造成昭穆顺序的混乱，迫使某些帝王无法在渭北陵区安排其陵寝，只好另寻其他适宜的地方。例如，文帝刘恒与惠帝刘盈均为高祖刘邦之子，都属穆位，惠帝既已先葬于长陵之西，文帝就只好在长安城东南的白鹿原上另辟陵区。宣帝刘询以昭帝堂孙继位，均为昭位，也无法在咸阳原上安排自己的陵寝，又只好选择在长安城东南的杜东原上营建寿陵。这些影响因素，遂形成西汉帝陵分布的基本格局。

长陵，汉高祖刘邦之陵墓，位于今咸阳市秦都区窑店乡三义村北。长陵位于咸阳原南部，坐北朝南，南面是奔流不息的渭水，北面是巍峨壮观的九嵕山。长陵居高临下，宏伟壮观，显示了封建帝王高高在上的威严。

刘邦（前256或前247—前195年），中国历史上第一个"以布衣提三尺剑有天下"的皇帝，为汉王4年，在帝位8年。他出身布衣，在秦末农民起义中崭露头角，在与项羽进行的楚汉战争中从弱到强，并取得最后胜利。公元前202年，刘邦登上帝位，建立了西汉王朝。刘邦为人豁达大度、长于谋略。早在担任泗水亭长之时，他就表现出敏锐的政治嗅觉，体察到民众的反秦情绪，释放送往骊山的役徒。楚汉之争中，他表现出非凡的政治魄力，在鸿门宴上机智进退，在彭城会战中灵活应变，对于"汉初三杰"知人善用……最终，他在敌众我寡的劣势中反败为胜。天下初定后，刘邦一方面奉行黄老无为而治思想，与民休养生息，一方面又冷酷无情地在政治斗争中诛杀开国功臣。他开创了西汉的百年基业，汉文化对于中国历史乃至世界历史都产生了持久的影响力。

长陵修建于刘邦称帝的第二年。陵园遗址尚存，

西汉帝陵分布图

据考古资料，长陵陵园平面呈长方形，南北长1千米，东西宽900米。陵园仿照西汉都城长安建造，园内建有豪华的寝殿、便殿。寝殿是陵园中的正殿，殿内陈设汉高祖日常所用衣冠及用品，像皇帝生前时一样，现发现寝殿遗址6处。陵园南部有两座并列的陵冢。西侧为汉高祖刘邦的帝陵，呈覆斗状，夯土叠筑而成。现测底部东西长153米，南北宽135米，冢高32.8米，陵冢顶部为东西长55米、南北宽35米的长方形。陵前立有清乾隆年间陕西巡抚毕沅所书的"汉高祖长陵"石碑一通，陵冢下面是刘邦安寝的地宫。东侧为吕后陵，封土形状与高祖陵相同。其封土底部东西150米、南北130米，顶部东西50米、南北30米，封土高30.7米。西汉的帝后合葬，是所谓"同茔不同穴"，即埋在同一墓地，但各起土封。西汉帝陵中的大多数皇后陵还单独修筑有陵园，只有长陵为帝后共用一个陵园。

长陵陪葬人数最多，陪葬墓格局十分规整，在汉代帝陵中绝无仅有。跟随刘邦南征北战的功臣和贵戚，死后多陪葬长陵。每个墓冢占地不广，墓冢之间前后左右的行列间距大致相当，排列得井然有序，形状有覆斗形、圆锥形、山形3种。陪葬长陵的墓主约有3种人：一是汉室的开国功臣，如萧何、曹参、周勃、周亚夫、张耳等；二是后宫嫔妃如戚夫人等；三是徙居长陵的发迹之人，如田蚡、田胜等。这些连绵的墓冢是汉初文治武功、人才济济的又一种展现形式。唐代诗人刘彦谦《长陵诗》云："长陵高阙此安刘，附葬累累尽列侯。"

安陵，汉惠帝刘盈之陵墓，位于今咸阳市渭城区韩家湾乡白庙村。

刘盈（前211—前188年），汉高祖刘邦的第二个儿子，在帝位7年。汉惠帝继位后，继续奉行无为而治、与民休息的政策，政治清明，社会安定，为中国历史上第一个盛世"文景之治"的出现奠定了基础。

安陵为覆斗形，底部和顶部平面皆长方形。底部东西长170米，南北宽140米；顶部东西长65米，南北宽40米；冢高25米。陵西北150米处为张嫣皇后墓。张皇后奉吕后之命与刘盈系甥舅成婚。其在诸吕被剪灭后受株连，被迫"退处"北宫。卒后合葬安陵，但"不起坟"，现地面墓冢或为后代所建。封土为覆斗形，底部东西长60米、南北宽50米，顶部边长20米，冢高12米。

陵东为陪葬墓区，尚存封土2座，曾发掘从葬俑坑一处。安陵陪葬者，见诸文献记载的有鲁元公主、张敖、陈平、张苍、袁盎、扬雄、盖勋等。封土大多为圆锥形。陪葬墓分布大致呈东西一线，排列有序，或两墓并列，或几墓成群。

陪葬墓中以鲁元公主墓最为高大，位于咸阳市渭城区韩家湾乡白庙南村，西距安陵900米。鲁元公主系高祖和吕后的长女，惠帝之姊，张敖之妻。生女张嫣，即后来的孝惠皇后张嫣。鲁元死于吕后执政时，子封鲁王，故甚受宠。该墓封土底面为长方形，底边东西长140米，南北宽120米；顶部呈马鞍形，高19米。因其身份特殊，故墓葬规模远大于一般汉陵陪葬墓。在墓北250米处的地面上散见绳纹板瓦与铺地砖残块。

霸陵，汉文帝刘恒之陵墓，位于今西安市东郊白鹿原上、灞桥区席王街道毛窑院村，当地人称"凤凰嘴"。霸陵因临近灞河，又名灞陵。

刘恒（前202—前157年），汉高祖刘邦第4子，幼时被封为代王。陈平、周勃等人平定诸吕之乱后，迎立刘恒为帝，是为汉文帝，在位23年。文帝在位期间，继续执行与民休息和轻徭薄赋的政策，励精图治，兴修水利，重视农桑，使汉朝逐渐强盛起来。汉文帝崇尚节俭，身体力行。提倡孝道，以身作则，后世称颂其"仁孝临天下，巍巍冠百王。莫庭事贤母，汤药必亲尝"。

霸陵是西汉11座帝陵中两座不在咸阳原上的帝陵之一（另一座是汉宣帝刘询的杜陵），也是中国历史上第一个依山凿穴为玄宫的帝陵。霸陵"因山为陵，不复起坟"，即依山开凿墓室，不复起封土。后人认为，汉文帝依山为陵是出于节俭。晋人挚虞赞扬曰："汉之光大，实唯孝文。体仁尚俭，克己为君。按辔细柳，抑尊戎军。营兆南原，陵不崇坟。"可见汉文帝修霸陵的意义是不容小觑的。

霸陵陵园史称"盛德园"，内建寝殿、便殿等，未发现陵园的遗迹。据记载，霸陵在白鹿原原头的断崖上凿洞为玄宫，内部以石砌筑，并有排水系统，墓门、墓道、墓室以石片垒砌，工程十分浩大。估计后来排水系统渐被沙石堵塞，以致墓门后来被水冲开，墓室结构遭到破坏。西晋时，霸陵又遭盗掘，大量陪葬品被盗发并散落民间，成为不可弥补的损失。

霸陵附近地面上，还有两个较大的陵冢，分别为文帝母薄太后和文帝窦皇后的陵寝。

薄太后陵位于霸陵西南，称为"南陵"。南陵位于今西安市东郊狄寨镇鲍旗寨村西北，封土与陵园遗址均有迹可寻。陵冢呈覆斗形，现高29.5米，周长为560米。陵冢四周有夯土筑成的陵园垣墙，垣墙正中建有门阙。陵园西北有从葬坑数十座，现清理20余座，出土陶俑、陶罐、陶棺多件。因南陵西隔渭水遥望汉高祖长陵，故史书有"东望吾子，西望吾夫"的说法，当地人称为"望子冢"。薄太后是汉高祖刘邦的一个不受宠的姬妾，儿子刘恒登基后将其尊为皇太后。因高后吕雉与汉高祖刘邦已合葬长陵，故薄太后陵寝就选择在其子文帝的霸陵近旁。

窦皇后陵在南陵北面，窦陵村西北，东北距霸陵1千米左右。据考证，窦皇后陵园垣墙为夯土筑成，已发现有西汉筒瓦、板瓦、云纹瓦当等大量建筑遗存，可见陵园中原必有较大规模的殿堂建筑。陵冢位于陵园正中，现高19米，周长564米。陵园之东有陪葬墓多座，包括女儿馆陶大长公主（窦太主）刘嫖、刘嫖的面首（即男宠）董偃等。汉武帝废后陈氏、更始帝刘玄墓也在霸陵近旁，但不能算作霸陵陪葬墓。目前，已发掘36座陪葬墓，出土了造型优美的彩绘陶俑、陶罐和马、牛、羊等动物骨骼。

近年，有考古工作者提出了2001年发掘的江村大墓可能是文帝陵的说法。江村大墓位于今西安市灞桥区狄寨街办下辖的江村，凤凰嘴的西南，东距窦皇后陵约2千米。该墓为"亞"字形大墓，出土物丰富，其中出土的黑色陶俑在造型上与汉阳陵出土的同类陶俑很相似。总之，江村大墓或为文帝陵的说法只是一种推测，还需要有更明确的证据，才能令人信服。

阳陵，汉景帝刘启之陵墓，位于今咸阳市秦都区肖家村乡张家湾村。现已建成汉阳陵博物馆，是我国目前占地面积最大的博物馆。

刘启（前188—前141年），文帝之子，在帝位16年。汉景帝继承了自高祖以来的黄老思想，秉承无为而治的施政理念，与民休息，轻徭薄赋，勤俭治国，发展生产。同时，推行削藩政策，平定七国之乱，巩固了中央政权。与其父汉文帝一起开创了中国历史上的第一个盛世——"文景之治"，为汉武帝时期发动反击匈奴的战争奠定了坚实的物质基础。

阳陵位于长陵东6千米处，始建于景帝前元四年（前153年），至武帝元朔三年（前126年）竣工，修建时间长达28年，陵园占地面积20平方千米。陵园由帝陵、后陵、陪葬墓、陵庙等礼制建筑以及阳陵邑等组成。

帝陵坐西面东，居于陵园的中部偏西；后陵、南区从葬坑、北区从葬坑、一号建筑基址等分布于帝陵四角；嫔妃陪葬墓区和罗经石遗址位于帝陵南北两侧，左右对称；刑徒墓地及3处建筑遗址在帝陵西侧，南北"一"字形排列；陪葬墓园棋盘状分布于帝陵东侧的司马道两侧；阳陵邑则设置在陵园的东端。整个陵园以帝陵为中心，四角拱卫，南北对称，东西相通，布局规整，结构严谨，显示了唯我独尊的皇家意识和严格的等级观念。

阳陵亦作覆斗形。陵冢底部边长160米，顶部南北长55米，东西宽54米，封土高约31米。王皇后陵与景帝陵形制相同，只是规格稍小。后陵底部边长158米，顶部东西长48米，南北宽45米，封土高26米。不过，阳陵陵园似与长陵有所不同：长陵是一个大陵园，将帝陵与后陵整个包括在内，而阳陵则是帝陵与后陵各先有一个独立小陵园，然后再与陵区陪葬墓共同组成一个大陵园，在布局上更为复杂。

阳陵封土上外围放射状分布着从葬坑。每条陪葬坑道都是东西方向的长方形坑穴，深3米，宽2.4米。葬坑都是木制坑体，六面都用木板隔开，最上层木板上还铺有芦席，芦席之上回填3.5米高夯打的填土。1998年，考古工作者对位于帝陵东侧的10个陪葬坑进行了发掘。出土了大量的包括文吏、武士、男女侍从、宦者等各种身份的陶俑，各类陶塑家畜，原大或缩小为三分之一的木车马，各种质地的生活器具和兵器以及粮食、肉类、纺织品等生活消费品。这些考古发现既是西汉帝王丧葬制度的反映，也是西汉时期经济繁荣、军力强盛和物质生活丰裕的缩影。

刑徒墓地位于陵区西北约1.5千米处，经探测范围约8万平方米。20世纪70年代初被发现，估计葬于此地的刑徒在万人以上。1972年发掘了其中的29座墓葬，发现35具人骨架，其墓葬排列无序，尸骨凌乱，相互枕藉，埋葬草率，均无陪葬品。骨架上大多戴有"钳""钛"等铁制刑具，有的还有明显的砍斫痕迹，是刑徒遭受非人待遇的真实物证。

罗经石遗址位于帝陵东南，是目前发掘清理面积最大、等级最高的皇家陵园祭祀建筑基址。罗经石是祭祀建筑的中心大柱础石，该石边长近2米，其上立柱的直径有1.4米，其高难以想象。基址每边有14个柱坑，坑内保存有柱础石，56根回廊柱与核心柱共同撑起"长安城内就能历历在目"的阳陵高台建筑。整个建筑布局规整，规模宏大。据推断，罗经石遗址应为景帝陵庙德阳宫的一部分。

阳陵的陵冢四周原有一圈城垣，城垣四周均有门阙，南阙门即南边的门阙距离帝陵封土120米。目前发现南门阙的建筑形式为一组两座对称的"三出阙"。这种由一主阙、二子阙组成的三出阙为皇帝专用。在南阙门发掘过程中还发现一段散水。散水是在大型建筑的屋檐下，把核桃大小的卵石紧密地砌在一起，形成一道坚固的承水面，用以承接屋檐上滴下的水珠或水流。散水一般中间略高，以便承接的水能向两侧流走。南阙门遗址散水宽0.9米，全长14.6米。

阳陵是西汉帝陵中考古发掘规模最大、发掘内容最丰富的一座帝陵，对于研究西汉帝陵建设诸多方面的问题具有极其重要的资料价值。

茂陵，汉武帝刘彻的陵墓，位于今兴平市东北南位镇茂陵村。

刘彻（前156—前87年），汉景帝第十子，4岁立为胶东王，7岁立为皇太子，16岁即帝位，70岁驾崩，在位55年。武帝执政时期是汉朝的鼎盛时期，也是中国封建社会的第一个高峰。武帝是一位具有雄才大略的帝王，在位期间有许多重大的举措：兴制度，改正朔，易服色，建封禅；罢黜百家，独尊儒术，表章六经；创办太学，广揽人才；推恩削藩，打击豪强，巩固中央政权；统一货币，盐铁官营，推行均输、平准制度，强化重农抑商政策；等等。汉武帝还发动了一系列大规模的讨伐四夷的战争，反击匈奴，东并朝鲜，南伐百越，西征大宛等。其中对匈奴的战争规模最大，影响也最深远，从此解除了匈奴频繁南下、骚扰边境以及对中原政权的严重威胁。他派张骞通西域，开辟了丝绸之路，促进了东西方的经济文化交流，扩大了汉王朝的政治影响。这一时期，以汉族为主体的统一多民族国家得到空前巩固，汉文化的主流形态基本形成，中国开始以东方文明与富庶强大而闻名世界。武帝一生功业，备为后人所歌颂。后世流传下许多赞颂武帝的诗句，如唐代诗人薛逢"茂陵烟雨埋冠剑，石马无声蔓草寒"，唐代李商隐"汉家天马出蒲梢……茂陵松柏雨萧萧"，清代徐开熙"英雄从来只数君，荒坟犹自上侵云"等名句。

同时，武帝也是一位好大喜功的皇帝。他在位期间所发动的战争耗费巨大，导致国库空虚，无休止的劳役与繁重的赋税负担让老百姓不堪重负，从而激化了社会矛盾，引起了民众的反抗。其晚年又因迷信巫术，发生了巫蛊之祸，逼死了卫皇后和戾太子，重创国之根基，造成严重的政治危机。后来，武帝也意识到了问题的严重性，下"罪己诏"进行自我反省，诏云："当今务在禁苛暴，止擅赋，力本农，修马复令以补缺，毋乏武备而已。"对国家大政进行了适当调整，逐渐恢复了国家元气。他死后入葬茂陵，谥号"武帝"。

茂陵是汉代帝王陵墓中规模最大、修造时间最长、陪葬品最丰富的一座，被称为"中国的金字塔"。茂陵建造历时53年，每年耗费全国赋税的三分之一。陵园呈方形，至今东、西、北三面的土阙犹存。陵冢为覆斗形，黄土夯筑；底边东西长229米，南北宽231米；顶部东西长39.5米，南北宽35.5米；封土高46.5米，远大于《三辅黄图》所记的高14丈。

据文献记载，修建茂陵时曾从全国各地征调建筑工匠、艺术大师3000余人，工程规模之浩大令人瞠目结舌。汉武帝的梓宫，是重椁五棺。椁室位于墓室的后半部，它有两重，内重以扁平立木叠成"门"形，缺口在南面。外重是黄肠题凑。五重棺置于椁室正中的棺床上。五棺所用木料有楸、梓和楠3种，质地坚细，均耐潮湿，防腐性强。梓宫的四周，置四道羡门，并有便房和黄肠题凑等设施。便房的作用和目的，是"藏中便坐也"。颜师古注《汉书·霍光金日䃅传》曰："便坐，谓非正寝，在于旁侧，可以延宾者也。"简单地说，便房是模仿活人居住和宴飨之所，将其生前认为最珍贵的物品与死者一起葬于墓中，以便在幽冥中享用。"黄肠题凑"是汉代诸侯王级以上的死者所享用的一种高级葬式，即在墓椁的四周用黄心柏木垒砌成框式结构，所谓"以柏木黄心，致累棺外，故曰黄肠。端头皆内向，故曰题凑"。汉武帝茂陵的黄肠题凑，共用长90厘米、高宽各10厘米的黄肠木15880根，堆叠而成。每根木料的表面都打磨得十分光滑，所费的工夫于此可见一斑。

公元前87年，武帝驾崩，入殡未央宫前殿。据《西京杂记》记载："汉帝送死，皆珠襦玉匣，匣形如铠甲，连以金缕。"梓宫内，武帝口含蝉玉，身着金缕玉匣，"匣上皆镂为蛟龙弯凤鱼麟之像，世谓为蛟龙玉匣"。汉武帝身高体胖，其所穿玉衣形体很大，全长1.88米，以大小玉片约2498片组成，共用金丝重约1100克。

茂陵的地宫充满了大量的稀世珍宝。《汉书·王贡两龚鲍传》云："（武帝）弃天下，昭帝幼弱，霍光专事，不知礼正，妄多藏金钱财物，鸟、兽、鱼、鳖、牛、马、虎豹生禽，凡为九十物，尽瘗藏之。"《新唐书·虞世南传》也载："武帝历年长久，比葬，陵中不复容物。"从以上记载可以看出，由于武帝在位时间长，其陵墓修造的时间也长，他去世时又处在王朝鼎盛时期，所以陵墓很奢华，随葬品种类繁多，还有飞禽走兽鱼鳖等牲殉。另据记载，康居国国王赠送武帝的玉箱、玉杖，以及武帝生前阅读的30卷杂经等，亦用金箱盛装，一并埋入陵墓之中。

汉武帝是一位崇尚武力的皇帝，尤其重视骑兵建设，因此，他非常喜爱骏马。他在位时所发动的讨伐大宛的战争，就是为了获得大宛的良种马。故茂陵区内有诸多以马为主题的文物，如鎏金马、石马等，都反映了武帝的生前喜好。

茂陵陪葬墓众多，有卫青、霍去病、霍光、金日磾、董仲舒、公孙弘、李延年、李夫人等人的墓20多座，多分布在茂陵以东。

其中霍去病墓"为冢象祁连山"，以之纪念霍去病抗击匈奴的战功。霍去病18岁随大将军卫青出征，讨伐匈奴，屡战屡胜。他纵横疆场，决战千里，将河西走廊、祁连山一带的匈奴势力横扫无遗，也彻底清除了阻塞丝绸之路的障碍，为西汉王朝巩固和开拓西北边疆立下不朽功勋。元狩六年（前117年），23岁的大司马骠骑将军霍去病去世。为彰显其克敌服远、英勇奋战、开疆拓土之功，汉武帝为其置冢，以形如祁连表彰他收复河西走廊地区的丰功伟绩。霍去病墓的封土上还堆放着大型石雕，有马踏匈奴、跃马、卧牛、伏虎、卧象、石蛙、石鱼等，现存16种，都陈列在今茂陵博物馆，这是我国发现最完整的大型石刻艺术群。

卫青墓，"起冢象庐山（寘颜山）"。卫青是霍去病的舅舅，官至大司马大将军。他率军七出讨伐匈奴而不败，且开创了以骑兵长途奔袭的战术。卫青抗击匈奴的胜利，开启了汉对匈奴战争的新篇章。卫青作为一代战将，体恤士卒，能与士卒同甘苦，也能每战必胜，故在军中威信很高。司马迁在《史记》中给予了"虽古名将弗过也"的极高评价。元封五年（前106年），卫青去世，谥号"烈侯"，陪葬茂陵。为了表彰卫青打败匈奴、收复北方漠南地区的功绩，特为其建造形如庐山的墓冢。

李夫人墓，享皇后葬制，史称"英陵"，在茂陵西500米处。英陵高24.5米，中腰内收，形成二层台，即"重台"。因状如磨盘，上小下大，中间有一道环线，俗称"磨子陵"。李夫人是武帝妃嫔中最出众的一位，所谓"一顾倾人城，再顾倾人国"即是说李夫人，加之她能歌善舞，因而深得武帝宠爱。然而她红颜薄命，武帝曾为她作长赋，以表伤悼之情。李夫人原葬于甘泉宫，因皇后卫子夫遭巫蛊之祸无法入葬茂陵，武帝去世后，霍光追封李夫人为皇后，并迁葬于茂陵。这是武帝茂陵又一特别之处。

平陵，汉昭帝刘弗陵之陵，位于今咸阳城西6千米处秦都区平陵乡大王村。

刘弗陵（前94—前74年），汉武帝少子。武帝病重时，欲立他为太子，却担心因他年幼而出现母后专权的局面，于是先逼死了他的生母赵婕好，然后才立他为太子。武帝死后，年仅8岁的刘弗陵即位，是为昭帝，由霍光、桑弘羊等辅政。昭帝在位期间，镇压了兄姊和上官桀、上官安的叛乱，多次下诏削减国家的财政支出，减免百姓的田租赋税，继续推行"重本抑末"政策，移民屯田，多次派兵击败匈奴与乌桓的侵扰，加强了边防。这一系列措施竟使武帝晚年动荡不安的局面逐渐稳定下来。元平元年（前74年），年仅21岁的汉昭帝驾崩，葬于平陵。昭帝履帝位13年。

平陵东距未央前殿22千米，西距茂陵6千米。陵冢封土为覆斗形，陵基为正方形，底部边长160米，顶部边长49米，封土高29米。上官皇后陵位于帝陵东南465米处。陵冢底部边长150米，顶部南北30.5米、东西25米，封土高26.2米。上官皇后（前87—前37年）是霍光的外孙女，她虽贵为皇后，其实也很不幸。她6岁入宫当皇后，15岁时昭帝死去，此后一直寡居，于52岁病死，合葬平陵。可能是由于霍光的位高权重，她的陵园比昭帝陵园规模还要大一些，陵园边长420米（昭帝陵园边长为370米），陵园四门距封土堆均为125米。

陪葬于平陵的有窦婴、夏侯胜、朱云、张禹、韦贤等朝臣。

由于昭帝突发疾病而逝，其陵墓尚在营建之中。此时，主持修陵的官员便动用多方力量加快修陵进度，如一下子租用了3万辆牛车从渭河滩拉沙，构筑地下墓室。作为一代帝陵，平陵的随葬品同样十分丰富。墓室中金银珠玉应有尽有。对平陵进行考古钻探与试掘后，于平陵2号坑出土大量骆驼骨骼，是陕西及中原地区发现的最早的骆驼。这些发现对研究汉代丝绸之路、中外文化交流及交通史等都具有十分重要的学术价值。

杜陵，汉宣帝刘询之陵墓，位于今西安市雁塔区曲江街道办三兆村南。

刘询（前92—前49年），汉武帝曾孙，戾太子刘据之孙。汉昭帝突然暴毙，霍光匆忙拥立昌邑王刘贺为帝，然刘贺荒淫无道，在位仅27天即被废，霍光改扶刘询登上皇位。刘询少时因受巫蛊之祸牵连，曾遭受牢狱之灾，后长期生长于民间，知民间疾苦。他即位后励精图治，任贤选能，整饬吏治，严惩贪腐；同时恢复汉初与民休息政策，轻徭薄赋，发展生产；对外继续实行坚决反击匈奴的政策。在匈奴残余势力被彻底逐出西域后，设置西域都护府，任命都护管理西域，从而确立了汉朝在西域地区的主导权与管辖权。汉宣帝在位期间，"吏称其职，民安其业"，西汉王朝又呈现出一派欣欣向荣的景象。史书对宣帝大为赞赏，曰："孝宣之治，信赏必罚，文治武功，可谓中兴。"将他与前任汉昭帝刘弗陵的统治并称为"昭宣中兴"。

汉宣帝去世后，葬于杜陵。杜陵位于长安城东南的黄土台塬之上，潏、浐两河夹流而过，旧称"鸿固原"，宣帝少时常游于此，即位后又将寿陵选在此处。

杜陵占地120多亩，四周环绕夯土围墙，墙基宽9米。陵园平面呈方形，每边垣长430米，四面垣墙正中各辟一门，门址宽约85米。已发掘的东门遗址位于陵冢以东110米处，由门道、左塾、右塾和左、右配廊组成。陵冢位于陵园正中，呈覆斗状，平面呈正方形，底边长175米，顶边长50米，高29米。其四面正中各有一条斜坡墓道，正对陵园垣墙的4个门。4条墓道大小、形制基本相同，平面呈梯形。陵前有清代乾隆年间陕西巡抚毕沅所立的"汉宣帝杜陵"碑一通，碑铭清晰可辨。此外还有其他碑碣10余方。陵冢东南187米处建有进行祭祀活动的寝园，四面有围墙，寝园之内有寝殿和便殿两大建筑群，四周排水的沟渠仍清晰可见。

与宣帝合葬杜陵的是他的第三位皇后王皇后。王皇后因其父亲与宣帝在民间交好，入宫为婕妤，但并不受宠。本始三年（前71年），汉宣帝至爱许皇后被毒杀。地节四年（前66年），霍皇后被废。宣帝为了让太子刘奭有人照顾，于元康二年（前64年）选王婕妤为皇后，是为王皇后。王皇后陵位于宣帝陵冢东南575米处，亦为覆斗形，平面为方形，底部边长145米，顶部边长45米，陵高24米，史称"东园"。陵园平面呈方形，边长330～335米，墙基宽3.4～3.7米，四面各开一门。各门形制与宣帝陵园相同，只是稍小而已。陵园西南亦有寝殿、便殿建筑遗址，形制与宣帝陵园寝殿、便殿大同小异。

汉宣帝一生最爱的女人是他的发妻许平君,她葬于杜陵南七八千米处今西安长安区大兆街道办司马村北之少陵。宣帝原名刘病已,流落民间时生活贫苦,几次险些丧命,多亏有皇太子故旧张贺、丙吉等照顾,才求得庶人衣食温饱。许平君曾许配大户人家,不及完婚而夫亡。经张贺做媒,年少的许平君与刘病已结为夫妻,二人起于微贱,情趣相投,过着如胶似漆的生活,并生下一个儿子,即后来的汉元帝刘奭。然而世事易变,刘病已被权臣霍光拥戴为皇帝后,被迫娶了霍光的爱女霍成君,又有群臣奏立霍皇后。宣帝下诏"求微时故剑",坚持立许平君为皇后。然而,霍光之妻利用许皇后坐月子的机会,收买女医淳于衍向其下毒,不到18岁的许平君被鸩杀,葬少陵。少陵封土规模略小于王皇后陵,亦呈覆斗形,底部南北长139米,东西宽134米,高22米。少陵与杜陵咫尺相望,这样的安排显示了宣帝对许皇后的真挚感情。此后,鸿固原又被称为"少陵原"。

杜陵的陪葬墓数量众多,有封土者60多座,实际数量远不止此,《汉杜陵陵园遗址》一书记载陪葬墓数量达107座。陵东南的陪葬墓数量多、规模大、等级高,应是皇族或高级官吏的陪葬区,陵北侧和东北侧的陪葬墓数量较少、规模也较小,其身份、地位相对较低。据文献记载,陪葬于此的有大司马车骑将军张安世、丞相丙吉、建章卫尉金安上、中山哀王刘竟等。

杜陵还有一个特点，就是帝陵和后陵分置陵园，是西汉帝陵沿袭与发展中的一种变化。

汉代以来，杜陵一直是长安郊游的人文胜地，文人学士常会集于此，登高览胜，并留下了许多诗篇。李白的《杜陵绝句》："南登杜陵上，北望五陵间。秋水明落日，流光灭远山。"即是唐代文人吟咏杜陵的一篇代表作。

渭陵，汉元帝刘奭的陵墓，位于今咸阳市渭城区周陵镇新庄村东南。

刘奭（前75—前33年），汉宣帝与许皇后之子，在帝位16年。刘奭多才多艺，善史书，鼓琴吹箫、柔仁好儒。为太子时，曾向宣帝进言"持刑太深，宜用儒生"，遭宣帝疏远。继位后，他重用贡禹、韦玄成、匡衡等名儒为丞相，力图稳定政局；又以宫女王嫱（昭君）嫁于匈奴呼韩邪单于，重新以和亲的方式与匈奴缔结了睦邻关系；放弃汉初以来迁徙关东豪强以奉帝陵的制度，缓和了关东豪强与西汉朝廷的紧张关系，也导致豪强大地主兼并之风盛行，中央集权逐渐削弱，社会危机日益加深。自此，外戚专权和宦官干政之风愈演愈烈，西汉逐步走向衰亡。

渭陵始建于永光四年（前40年）。陵园近方形，南北410米，东西400米，四周有夯土筑成的墙垣。墙垣正中各置阙门，与陵冢底边正中相对。墙垣四门距陵园正中的封土堆110米左右。陵冢位于陵园之中，呈覆斗形，底边长约175米，顶边长50米，高25米。今陵冢顶部已塌陷。在陵北300米处发现一建筑遗址，东西长约200米，南北宽约100米。建筑墙基、平铺方砖居住面和路面遗迹犹存，并出土一批玉雕和其他文物。据考古人员推测，此遗址可能是渭陵寝殿或者是庙宇建筑。

渭陵北375米有孝元王皇后合葬陵。王皇后名政君，汉成帝之母，篡汉权臣王莽的姑母。王皇后84岁高龄去世，合葬渭陵，其陵园又称"长寿园"，平面呈方形，边长约300米。四面各辟一阙门，至今仍存遗迹。王皇后陵亦呈覆斗形，底边长90米，顶边长36米，高13.5米。

陵园东北约350米处，有孝元傅皇后合葬陵。傅皇后原为上官太后才人，元帝即位立为婕妤，不久更立为昭仪。因其为人有才略，深得元帝宠爱。元帝死后，随子定陶王归国。成帝驾崩，因其无子嗣，遂以元帝庶孙定陶王之子刘欣为皇太子，继承大统，是为哀帝。哀帝即位后，追封其祖母傅昭仪为"皇太太后"。元寿元年（前2年）"皇太太后"崩，合葬渭陵。因位于帝陵东侧，又称"渭陵东园"。东园陵冢底边东西长170米，南北宽150米，残高2米。哀帝追封其祖母为"皇太太后"，其葬仪的规格自然就提高了，于是出现了元帝渭陵有两个后陵的现象。

渭陵东北500米左右是陪葬墓群，排列有序，东西4行，每行7座，当地群众称为"二十八宿墓"。现存墓冢12座。据文献记载，有王凤、冯奉世等人陪葬渭陵。

延陵，汉成帝刘骜之陵墓，位于今咸阳城北5千米渭城区周陵乡马家窑村。

刘骜（前51—前7年），汉元帝长子，履帝位27年。汉成帝为人优柔寡断、没有主见，政权完全掌握在以王凤为首的外戚手里，从而引起朝政混乱。成帝又沉湎酒色，懒于理政，宠幸赵飞燕、赵合德姐妹，使朝无持重之臣，外戚亦无强辅。在位期间，虽灾荒连年、民不聊生，却仍大兴土木，为自己修建了两座陵寝。

成帝即位后在长安城西北的渭城延陵亭部修陵，因此取名"延陵"。延陵修建了10年，汉成帝却突然下令停止营建，改在新丰县戏乡步昌亭营造昌陵。昌陵的建造历时5年，已花费巨万，天下匮竭，而陵墓的主体工程——地下墓室和陵园司马门还未完工。成帝震怒，问罪于负责修陵墓的将作大匠。早就对营建昌陵不满的大臣们乘机纷纷上奏，说昌陵是借土他处，"客土之中不保幽冥之灵"，成帝的灵魂将来也不得安宁。而原来的延陵"据真土，处势高敞"，应还复旧陵，停止徙民。成帝无奈，只得下诏罢修昌陵，再度营建延陵。

延陵陵园略呈方形，墙垣边长约400米，四面墙垣正中均建筑门阙，今除南门东阙已毁外，北、东、西门阙遗迹犹存。陵冢位于陵园正中，形如覆斗，陵基边长约172米，顶部边长51米，高31米，陵顶中央陷下一个3米深的大坑。陵冢正南有清代陕西巡抚毕沅所书"汉成帝延陵"石碑一通。

延陵东北约600米处，有汉成帝班婕妤墓。班婕妤是汉代著名史学家班彪的姑母，她博通经史，为人端庄大方，常作赋抒发伤感之情，留传今日的还有《自悼赋》《捣素赋》《怨歌行》3篇。成帝死后，她以婕妤的身份守延陵，死后陪葬于此。班婕妤墓亦呈覆斗形，墓底边长80米，顶边长30米，高14米。墓基周围曾出土云纹瓦当和其他汉代砖瓦残块。

延陵之西还有一大冢，疑为许皇后陵。许皇后是大司马车骑将军平恩侯许嘉之女，成帝为太子时入宫为妃，即帝位时立为皇后。《汉书·外戚传》说她"后聪慧，善史书"，得宠于成帝。赵飞燕等入宫，后宫新人日益见宠，许皇后则逐渐被疏远，以致被废徙昭台宫。绥和元年（前8年），又被"赐药自杀，葬延陵交道厩西"。此墓冢呈覆斗形，底边南北长98米，东西宽89米，高18米。这又是延陵的特别之处。

义陵，汉哀帝刘欣的陵墓，位于今咸阳城北6.5千米处渭城区周陵乡南贺村。

刘欣（前25—前1年），汉元帝庶孙，定陶王刘康之子，因汉成帝无子嗣，遂被立为太子。成帝驾崩，刘欣继位为皇帝，是为汉哀帝。哀帝即位后，为了缓和国内社会危机，曾实行"限田、限奴婢"政策，规定诸王、列侯以至百姓占田不得超过30顷，结果遭到贵族的激烈反对而不了了之。人民不堪政府重赋和地主兼并，揭竿起义，汉哀帝也在农民起义的社会动荡中早逝。

义陵陵园为方形，边长420米，四面墙垣中央各辟一门。门外置双阙，现仅北墙垣正中保留有残高1米、宽约1.5米的阙址。陵冢为覆斗形，底边东西175.5米、南北171米，顶边东西58.5米、南北55.8米，封土高30.4米。陵园内有西汉时期的砖瓦残片及"长乐未央""长生无极"文字瓦当。

傅皇后陵位于义陵东约600米处。封土为覆斗形，底部东西110米、南北85米，顶部东西30米、南北19米，封土高15米。陪葬墓现存15座，义陵东3座、南5座、西4座，另有3座分布在义陵东北和西南面。在义陵北的司家庄多次出土有"高安万世"瓦当。1981年曾在义陵北南贺村东发现"鲁王虎符"的左半部等文物。

康陵，汉平帝刘衎的陵墓，位于今咸阳市周陵乡大寨村。

刘衎（前9—6年），原名刘箕子，汉元帝刘奭之孙，中山孝王刘兴之子。汉哀帝刘欣去世后，太皇太后王政君选中9岁的中山王刘衎即位，是为汉平帝，由大司马王莽辅政。平帝在位5年，14岁时驾崩于未央宫。按《资治通鉴》记载，平帝之死，与王莽在腊日向平帝进献椒酒有关，平帝是喝了有毒的椒酒中毒而亡的。

康陵陵园平面为方形，边长420米。陵墓为覆斗形，底边东西216米、南北209米，顶部边长60米，高26.6米。中部偏上处有二层台，东西台宽6米、长93米，南北台宽11.5米、长90米。可以看出，平帝是一位还未成年便逝世的小皇帝，为他营建的康陵，其封土除比武帝茂陵稍小外，竟大于其他帝陵。这与篡夺汉室权力的王莽政治作秀有关。他用平帝死后之哀荣以显示自己对汉室的尊崇，借以提高自己在国中的威望，达到最终篡汉的目的，王莽政治上虚伪的一面在这里也是有所反映的。

康陵东南570米为王皇后陵。陵冢为覆斗形，底部边长86米，顶部边长33米，高10米。周边多出土汉代砖瓦等遗物。

二、一座皇陵一座城

　　陵邑制度是西汉帝王丧葬制度的一项重要内容。陵邑就是在皇帝陵旁筑城置邑，徙民迁入，名为奉陵，实为国家所采取的一项重要的政治措施，就是将全国的贵族富豪迁徙于此，以起到强干弱枝的作用。陵邑既是帝陵的重要组成部分，也是一种特殊的行政区域。秦在始皇陵旁设丽邑，开创了中国历史上帝王陵设置陵邑之先河，而西汉则是继承并发展了这一制度。汉高祖九年（前198年），刘邦接受了郎中刘敬的建议，将齐楚地区的世家大族、富豪及其家人迁徙关中，其中的世族大姓就有昭氏、屈氏、景氏、怀氏、田氏等，让他们居住在长陵邑，以供奉长陵，是为西汉设陵邑之始。历经几代相沿，先后有7座帝陵设置陵邑。几乎是每二三十年置一陵邑，关东地区的移民也几乎是二三十年一徙。这些有经济实力的移民居住在关中，就受到中央政权的就近监控。如此，有效地防止了关东地区地方势力的坐大以及对中央政府形成的威胁，维护了国家稳定。西汉政府也借此充实了关中地区的人口，取得了内实外虚的效果，对于拱卫京师也是有利的。汉朝末年，诸陵邑移民的后裔已有120多万人，几乎占三辅人口的一半，且五方杂厝、风俗迥异，在长安附近形成了一个独具特色的城市群落，或谓之都城长安的"卫星城"。

西汉一代共设置陵邑9座，分别为高祖长陵邑、惠帝安陵邑、文帝霸陵邑、景帝阳陵邑、武帝茂陵邑、昭帝平陵邑、宣帝杜陵邑，以及高祖薄太后的南陵邑和武帝赵婕妤的云陵邑。另外，供奉高祖之父太上皇陵的万年县和供奉汉宣帝生父史皇孙墓的奉明园，属于准陵邑。这里重点介绍的是帝陵邑。

西汉11位皇帝，有7座帝陵置有陵邑，都是前中期即位的皇帝。从汉高祖到汉宣帝，中间没有空位，每位皇帝的帝陵都设置有陵邑。这一段可视为陵邑制的继承与发展时期。到了元帝时期，《元帝纪》说元帝"柔仁好儒"，即元帝性格温和仁厚，比较喜欢儒生。元帝的确对宣帝朝的一些做法持批评态度，他认为宣帝朝持法太严、用刑过重，他建议宣帝为政用儒生。宣帝则以严厉的态度教训他说："汉家自有制度，本以霸王道杂之，奈何纯任德教，用周政乎！"元帝即位以后，在为政上立刻表现出了自己的风格。他先后任用习儒的贡禹、薛宣、韦玄成、匡衡为相，营造出了宽仁恤民的为政倾向。在陵邑问题上，他也有自己的看法。永光四年（前40年），在渭城寿陵亭部原上置初陵，元帝下诏曰："安土重迁，黎民之性；骨肉相附，人情所愿也。顷者有司缘臣子之义，奏徙郡国民以奉陵园，令百姓远弃先祖坟墓，破产失业，亲戚别离，人怀思慕之心，家有不安之意。是以东垂被虚耗之害，关中有无聊之民，非长久之策也。《诗》不云乎：'民亦劳止，迄可小康，惠此中国，以绥四方。'今所为初陵者，勿置县邑，使天下咸安土乐业，亡有动摇之心。"这是元帝在启动寿陵建设时，针对有关部门徙民以奉陵园的请求所表达的个人看法。他首先陈述了长途迁民所产生的弊端与社会问题，然后表明了在自己的寿陵不置县邑的态度和决定。看来元帝确实是有自己的一套为政之道的，即使不合祖宗家法也在所不惜。

于是，自汉元帝后，西汉奉行了100多年的陵邑制度就废止了。虽然成帝时曾出现过反复，却以半途而废而落幕。之后，就无人再提了，陵邑制最终画上了句号。

这些陵邑都随帝陵分布在渭北的黄土高地上和渭南的白鹿原、少陵原一带。在渭北原上，有高祖长陵邑、惠帝安陵邑、景帝阳陵邑、武帝茂陵邑、昭帝平陵邑。

此处原高土厚，地势开阔，风光清丽，被历代统治者视为风水宝地，成为皇家陵园的首选区域。这5座汉帝陵平地凿穴起冢，沿郑国渠走向"一"字形排列，封土高大雄伟，一派磅礴气势。此域因此得名"五陵原"，而五陵的陵邑总称"五陵邑"，成为当时富家豪族聚居的地方。把有钱有势人家的子弟叫"五陵少年"，也是因此而来。唐代诗人白居易在《琵琶行》中写道："曲罢曾教善才服，妆成每被秋娘妒。五陵年少争缠头，一曲红绡不知数。"李白在《少年行》中也提到了五陵少年："五陵年少金市东，银鞍白马度春风。落花踏尽游何处，笑入胡姬酒肆中。"

位于长安城东南部的陵墓有4个，分别是霸水东岸的霸陵、白鹿原上的南陵、杜东原上的杜陵和长安城近郊的奉明园。万年和云陵两个陵邑，分别位于今西安市阎良区和淳化县北，也在汉长安城的北部。

西汉前期修陵邑，迁徙关东大族、六国功臣后裔以及三晋百姓10万余人至关中，每个县邑估计都有5000户。他们成为关中地区抵抗匈奴、拱卫京师的一支重要社会力量，充分发挥了西汉政府预期的"充实京师，强干弱枝"的作用。

西汉中期，陵邑建制更为完善，规模更为宏大，社会影响也更为突出。此时的移民对象多为各地豪杰、高官和家产百万以上的"高訾"家族。徙民规模也大于前期，茂陵邑是五陵邑中居住人口最多的，至西汉后期，已有27万多人，比当时的长安还多3万余人。众多社会名流如大经学家董仲舒、孔安国，史学家司马迁、班固，文学家司马相如，等等，就曾经住在茂陵邑。平陵邑中也云集了如朱云、张山拊、郑宽中、吴章等名冠当时的大儒，享有"京城文化中心"的美称。点状的陵邑分布于渭河两岸，成为京师长安的"卫星城"。班固在《西都赋》中就用"南望杜霸，北眺五陵，名都对郭，邑居相承"描述了环拱长安的诸陵邑盛况。

西汉后期，随着豪族逐渐强大、王室式微、经济愈加困顿等问题的凸现以及儒家伦理影响的逐渐深刻，废置陵邑的呼声渐高。永光四年（前40年），汉元帝下令不再设置陵邑，并将诸陵邑分属三辅管辖。历时150多年的陵邑制度遂消失在历史长河之中。

西汉时期设置的陵邑包括长陵邑、安陵邑、霸陵邑、阳陵邑、茂陵邑、平陵邑、杜陵邑等。

长陵邑因汉高祖刘邦的长陵而设。设置的目的名义上是"徙郡国民以奉园陵"，然更深层次的考虑则是出于强干弱枝的政治需要。西汉立国之初，政局动荡，危机四伏。北有匈奴威胁，东有六国旧贵族掣肘。在这种形势下，汉高祖刘邦接受刘敬的建议，徙关东世家、地方豪强与富民于关中，置陵邑以居之。高祖九年（前198年）十一月，"徙齐楚大族昭氏、屈氏、景氏、怀氏、田氏五姓关中，与利田宅"，即把关东的昭、屈、景、怀、田五大姓率先迁到了长陵邑，并给予他们良田美宅，让他们在关中也能过上优裕的生活。如此，在关东地区容易坐大的地方豪族势力受到了抑制，在西汉政府的眼皮底下不敢胆大妄为，西汉政府维持社会稳定的目的达到了。

长陵邑城址位于今咸阳市秦都区韩家湾乡怡魏村，高祖陵和吕后陵在其南。长陵邑的城址平面为长方形，南北长2200米，东西宽1245米，墙宽7～9米。地面上城墙保存最高处达6米。城墙均夯筑，夯层一般厚6～8厘米；墙基夯层较厚，可达15～18厘米。南、北、西三面城垣各开一门，南、北二门相对，西门辟于城垣中央。长陵邑现保存有南、北、西三面城墙的部分遗迹，未见东墙遗迹。保存最好的是西墙南段、南墙西段、北墙西段，墙宽10米，高2～6米不等，夯筑结实坚固。陵邑内有大面积的汉代建筑遗址和大量的汉代砖瓦堆积，内含大批涂朱云纹瓦当和具有齐地风格的树木双兽纹、双鸟纹、树木箭头乳钉纹、树木卷云乳钉纹半瓦当等，都佐证了汉初徙齐诸田于长陵的事实。亦可以窥见当年朱檐画栋、深宅广院、车水马龙的繁华景象。

据《汉书·地理志》记载，至西汉元始二年（2年），长陵邑的居民已达到50057户179469人，与当时长安城的8万余户24万余人相比，也属于人口众多的城市了。史载，长陵令的官秩为二千石，等同于郡守，于此可见长陵邑的重要性。

长陵邑人口众多，尤其是富贵人家多，也就为长陵邑在两汉时期多出人才提供了条件。如武帝朝官至丞相的田蚡、车千秋二人，都出自长陵田氏。田蚡虽有外戚背景，但也学有所长，本传说他"学盘盂诸书"，即书之于青铜器物上文字以及诸子百家之书，足够的学识也应当是他能够担当重任的条件之一。车千秋原名田千秋，以昭帝朝老臣的资格，可乘小车入宫议事，因号为"车丞相"，遂改姓车氏。长陵人施雠，自幼习《易》，受业于博士田王孙，因学业有成，宣帝朝被擢拜为博士。甘露年间（前53—前50年）曾参加了辩论五经异同的石渠阁会议。此后，又与孟喜、梁丘贺编撰了《易经》12篇，成为一代大儒。东汉时期的名臣第五伦也是长陵人，其先祖亦为齐国田氏，因属第五次迁徙长陵之人，故改姓"第五"。第五伦家族在东汉时期颇为兴旺，除第五伦位至三公外，其曾孙第五种官至兖州刺史，族孙第五访官至护羌校尉等。还有长陵人赵岐，是东汉著名经学家，曾著《孟子章句》和《三辅决录》等书。

安陵邑，汉惠帝安陵陵邑。位于安陵以北900米处，长方形，东西长1548米，南北长445米。东墙和北墙垣现仍依稀可辨。墙宽9米，残高2～3.6米。在东墙和北墙的中央辟有城门。门址附近曾发现涂朱的云纹瓦当以及其他西汉瓦当。传世的"安邑瑂柱"文字瓦当，应出自安陵邑。安邑为简称，"瑂"为"雕"字的假借，"瑂柱"即雕梁画栋之意。

史载安陵邑的关东徙民主要来自楚国，如文献记载中的安陵爰氏、籍氏、闳氏、班氏等，均系楚人。汉代的史学大家——班彪、班固父子，祖上就是楚国人，徙居安陵邑。另外，安陵邑中还有5000户"倡优乐人"，"善为啁戏"，以满足惠帝生前所好，故陵邑又称"女啁陵"。

在西汉时，曾从安陵邑走出了像袁盎、冯唐、冯遂等名震一时的人物。袁盎具有不畏权势、敢于诤谏的品格。汉文帝时，有人诬陷周勃谋反，汉廷遂将周勃逮捕下狱，满朝上下无人敢为周勃求情，唯袁盎上奏言周勃无罪，从而使周勃获释。景帝议立太子，弟弟梁孝王刘武在太后的支持下"求为汉嗣"，袁盎等人激烈反对，因此得罪了刘武，被刘武派人暗杀于安陵郭门之外。冯唐为官亦能做到直言不讳，即使在文帝面前也如此。一次，文帝叹息说，如今已找不到像廉颇、李牧那样的名将抗击匈奴。冯唐直言："陛下虽有廉颇、李牧，不能用也。"说得文帝很不高兴。不久，匈奴大军攻入萧关，前锋进至彭阳（治今甘肃镇原东南），又派遣骑兵烧毁了回中宫（在今陕西陇县西北），文帝为之震惊。

此时他想起了冯唐的话，便找来冯唐询问所以。冯唐举云中太守魏尚被治罪之例说明当朝赏罚不当问题，文帝这时听了却颇为高兴，不仅赦免了魏尚并让他继续担任云中太守，还任命冯唐为车骑都尉。魏尚在云中，匈奴不敢轻举妄动，遂保障了边地安宁。

东汉时，出自安陵的著名人物以班固家族为代表，前后有班彪、班固、班超、班昭、班勇等。

霸陵邑，汉文帝霸陵陵邑。文帝前元九年（前171年），于秦芷阳营建霸陵，并改芷阳县为霸陵邑。按西汉一代的通用做法，设置陵邑以后都会采取徙民实邑的措施，但关于霸陵邑则缺乏记载，令人困惑。霸陵邑的位置，文献记载在汉文帝霸陵陵园以北5千米处。学者据此认为霸陵邑应在今灞河东岸的西安市东郊田王村一带。但考古调查似乎在这一带还没有找到与之对应的古城遗址。1988年文物普查在今灞桥区新筑街道办新寺村西发现一处大型汉代建筑遗址。遗址面积约3万平方米，文化层厚约1米，暴露的夯土基址厚0.8米，夯土层厚6.5厘米。出土文物有饰绳纹的板瓦和筒瓦、菱形方格纹铺地砖、五角形陶管道及各种不同纹饰的瓦当等。值得一提的是，除云纹瓦当外，还有多种文字瓦当，如阳文的"长乐未央"瓦当、"天下无敌"瓦当、"满院生辉"瓦当等。可以确定这是一处大型的汉代建筑遗址无疑，有人据此提出了这里或是霸陵邑的看法。

据《汉书》记载，在霸陵邑区域内，还有长门宫、顾城庙、郎官亭等重要建筑，汉武帝废后陈氏就葬在郎官亭东侧。

在汉帝诸陵邑中，唯霸陵邑因芷阳旧县而置，文献中也无有关徙民的记载，缺少了关东富民及官僚阶层的加入，故两汉时期出彩的霸陵人物似也相对稀少。

阳陵邑，汉景帝阳陵陵邑。位于西安市北郊的泾渭三角洲上，在阳陵东，北临泾水，南越渭河与长安相望。阳陵邑是在秦代一个县城的基础上修建的，也是考古发掘的规模最大的汉代帝陵陵邑。

汉景帝在修建阳陵的第二年就从全国徙民到阳陵邑，并赐给每户铜钱20万钱。这些迁入人口仍多为关东地区的地方豪强和富家大户，他们的迁入极大地促进了阳陵邑的经济和文化发展，使这里成为商贾云集、社会繁荣的京畿重地。

阳陵邑东西长4.5千米，南北宽1千米左右，总面积4.5平方千米，已探明东西向有主街道11条，宽度在9~50米；南北向街道31条，组成了百余个棋盘式的里坊。城里有密集的汉代建筑遗址、官署区、民居区和制陶作坊区，有铸造钱币的遗址和儿童墓地等。共出土各类文物达1万余件，有大量的筒瓦、五棱水管等建筑材料，有盆、罐等陶制生活用具，有铜、铁质铠甲片，铜镞、铁镞等武器装备，有数十个用陶井圈箍起来的水井，有迄今为止中国发现的最早的浴池。出土的文物显示，阳陵邑与当时的外界交流非常广泛，而且城内机构设置非常齐备，甚至可能有监狱。阳陵邑城内的建筑规模与形制体现了当时全国各地达官显贵、大户豪强的不同建筑等级和风格，为研究西汉陵邑制度提供了大量实物资料。

出自阳陵邑的人物有武帝朝的著名酷吏王温舒，曾任河内太守，下车伊始，就下令逮捕郡内豪强奸猾，轻者没收家财，重者处死甚至灭族。到任才数月，已使郡中无犬吠之盗。其实古代的酷吏是相对循吏而言的，循吏为政重教化，酷吏则重刑法。其治理的效果往往是酷吏风格还会见效快一些，尤其是在一些秩序比较混乱的地区，就需要使用重典恢复秩序。故对史书中记载的酷吏，不可一概以贬义理解。阳陵邑名人还有张欧和田延年等。张欧，汉文帝时以刑名之学为太子师，景帝朝又历任廷尉、奉常、中尉、御史等职。武帝元朔年间（前128—前123年）拜为御史大夫。他为政宽厚，有长者之风，年老致仕，仍享受上大夫之俸禄。田延年，昭帝时历任大将军府长史、河东太守、大司农等职。昭帝死后，又有协助霍光拥立宣帝之功，被封为阳城侯。后因有人上奏告其在修延陵租赁老百姓牛车一事上有贪污，廷尉穷究其事，迫使延年自杀而亡。

茂陵邑，汉武帝茂陵陵邑，建元二年（前139年）

置。汉武帝曾三次徙民于茂陵邑,据《汉书·武帝纪》记载:建元三年(前138年)春,"赐徙茂陵者户钱二十万,田二顷";元朔二年(前127年)夏,"又徙郡国豪杰及訾三百万以上于茂陵";太始元年(前96年)春,"徙郡国吏民豪杰于茂陵、云陵"。所徙居民多为全国各地的豪杰、官吏和家资三百万以上的大户人家。如此,则在茂陵邑聚集了一大批国家官吏和家资殷实的富民,如挚氏"为天下高訾",袁氏家僮多达千人,马氏"资产巨亿"。由于茂陵富豪经济实力强大,在政治上也有着举足轻重的地位。国家的政策一旦违背了这些人的利益,必将受到他们的抵制。为了筹集修筑昭帝平陵的经费,大司农田延年提出没收富豪的"豫收方上不详器物",触犯了富豪的利益,他们便联合起来"出钱求延年罪"。尽管田延年曾追随霍光拥立汉宣帝有功,且有大将军霍光、御史大夫田广明、太仆杜延年等重臣为其开脱,但在一大批地方富豪的压力之下,还是被迫自刭身亡。

茂陵邑是西汉诸陵邑中修建时间最长、规模最大、迁民最多的一个。据《汉书·地理志》记载:至西汉元始二年(2年),茂陵邑居住的人口已达到61807户277277人。户虽不及汉都长安,人口却比长安多出了3万多人。以此而言,茂陵邑是当时关中地区人口最多的城市。值得一提的是:西渭桥修建以后,茂陵邑又成为丝绸之路的必经之地，丝路的繁荣为茂陵邑的发展注入了更强的活力。

当时的茂陵邑人才济济，很多高官名流出自茂陵，如万石建、万石庆、杜周、董仲舒、司马相如、司马迁等人，都是在京城做官而居于茂陵。孔子的第十二代孙孔安国、第十三代孙孔霸都是徙家茂陵的经学博士。焦氏、贾氏等家族以及袁广汉、挚纲等人，均是茂陵的富豪或巨贾。东汉时居于茂陵的耿氏家族，人才辈出，相继产生了耿弇、耿秉、耿恭等著名人物。居于茂陵的马氏家族，则以伏波将军马援而名。可见茂陵邑的社会影响大且持久。

茂陵邑距茂陵东南约2千米，据考古调查可知遗址的大致分布范围。遗址内文化层厚2米左右，发现有建筑基址、石子路面、五棱陶水管道、花纹空心砖、筒板瓦以及"大泉五十"的铁范等。这些都为茂陵邑古城址的确认提供了有力物证。

平陵邑，汉昭帝平陵陵邑。昭帝9岁即位，22岁驾崩，虽然在位13年，但多属于少年时期。因此之故，昭帝在位期间，主要为其母营建了云陵，而自己的寿陵工程估计尚处在初步建设阶段，无可资称道的进展。所以《汉书·昭帝纪》只记载了修建云陵和两次募民徙云陵之事，而移民平陵则见于《宣帝纪》中。如本始元年（前73年）春正月，"募郡国吏民訾百万以上徙平陵"；本始二年（前72年）春，"以水衡钱为平陵，徙民起第宅"。可见昭帝平陵及其陵邑的建设主要是在宣帝期间进行的。

平陵邑建成以后，很快成为一个人才聚集的地区，也是西汉后期具有重要影响的城市，甚至有人誉称其为"京城文化中心"。故有人估计，平陵邑的人口在顶峰时至少在15万人左右。西汉晚期元、成、哀、平四帝，共有21位丞相，出自平陵邑的就有4位，分别是魏相、王嘉、平当、平晏。平陵邑还是个学者云集的文化城，如韦贤、朱云、张山拊、郑宽中、涂恽、士孙张、吴章等名冠当时的大儒，均居于平陵。东汉时期，鲁恭、鲁丕、苏竟、窦武、何敞等大儒也出自平陵邑。另外，居于平陵邑的富商大贾也不少，如从事商业经营的石氏、如氏、苴氏等，皆拥有巨万家訾。

平陵邑位于平陵东北，根据考古调查，其范围西自平陵，东至北上召村，南起渭惠渠，北到庞村一带。中心区域的李都村和庞村一带有大面积的汉代建筑遗迹、大量西汉砖瓦遗物以及为数众多的灰坑，文化层厚达2.5米，出土了一大批文物，如建筑材料中的云纹瓦当和文字瓦当，生产工具中的铁铧、铸有"田"字的辟土、铁镢和镂角，生活用具中的铜壶与铜鼎，王莽时期的钱范，等等，这些都是平陵邑繁华一时的佐证。

杜陵邑，汉宣帝杜陵陵邑。元康元年（前65年）

春，营建宣帝杜陵的工作正式启动。同时也启动了陵邑的规划与建设。宣帝杜陵的位置选在了杜东原，位于原杜县的辖地，于是杜陵邑的设置便成了取代杜县的一种政治措施。但杜陵邑不是对原杜县的直接继承，而是在杜陵西北5里处重新修建了杜陵邑。杜陵邑建成后，遂将杜县更名为"杜陵"，并移治于新址。原来的杜县城，因处于杜陵邑的下方，且地势较低，故称之为"下杜城"。王莽时期，杜陵邑改名为"饶安"，东汉又名"杜陵"。

杜陵邑在秦汉杜县的基础上发展而来，根据西汉"随帝徙陵"制度，很多在朝高官与地方富豪迁居到此。如《汉书·宣帝纪》记载："元康元年春，以杜东原上为初陵，更名杜县为杜陵。徙丞相、将军、列侯、吏二千石、訾百万者杜陵。"重要的是，自汉宣帝以后，西汉皇帝不再设置陵邑，这些随帝徙居的千万家官宦富豪均在此落叶生根，成为杜陵邑的永久居住者。当时在杜陵邑居住的当朝高官，有御史大夫张汤和大司马张安世父子，典属国苏武，位至丞相的朱博、韦玄成、王商，御史大夫杜延年、萧望之，后将军卫尉赵充国，大司农肖贤，右将军苏建、冯奉世、史丹等，大鸿胪冯野王，出镇地方的韩延寿、尹翁归、张敞、肖由、冯逡等二千石官吏。特别是由韦玄成后人形成的韦氏家族和由杜延年后人形成的杜氏家族，经过两汉、魏晋南北朝的发展，至隋唐时期，已分别成为关中六大郡姓之一，涌现出众多的优秀人才，活跃在国家政治社会生活的各个领域。

根据考古调查，杜陵邑位于今三兆村西北、缪家寨村以南。城址平面呈长方形，东西长2.1千米，南北宽约500米。研究者认为杜陵邑的人口规模不会小，至少超过20万，可惜《汉书·地理志》未明记。

除了上述7座皇帝陵邑外，另有一座南陵邑、一座云陵邑及一座奉明园。其中南陵的墓主人是汉高祖的妃子、汉文帝刘恒的母亲，文帝即位以后，尊其母为皇太后。按西汉一代的制度，皇帝与皇后的陵寝共享陵邑奉祀，文帝母亲被尊为皇太后之后，也就有了享有陵邑奉祀的资格，故文帝置南陵邑以奉祀其母。南陵邑在今西安市灞桥区狄寨街道大康村一带。云陵邑的墓主人是武帝的婕妤、昭帝的母亲，昭帝即位以后，尊其母为皇太后，也为其母修置云陵邑以奉祀之。云陵邑在今淳化县铁王镇大疙瘩村一带。奉明园是汉宣帝为其父史皇孙刘进、其母王翁须所修的寝园。宣帝父母皆于巫蛊之祸中遇害，宣帝即位后，追尊其父谥曰"悼皇"，追尊其母谥曰"悼后"，并置邑300家以奉祀。奉明园在今西安市玉祥门以西1千米处。

西汉一代，随着帝王的更替，总共为7座帝陵营建了陵邑；同时，还有汉文帝、汉昭帝的母亲，系死后追封为皇太后身份，也为之修建了陵邑；汉宣帝的父母则追封为悼皇与悼后，亦为之修建了奉明园，是为准陵邑。如此，就有了10座陵邑。由于文帝母亲、昭帝母亲和宣帝父母的陵邑更具有象征性的意义，故在此就以7座皇帝陵邑为重点。

首先，各个帝陵陵邑大致均设置在距离长安城20～30千米的地方，于是就形成了一个以长安城为中心的都市圈，也有人以当时的长安城为中心城市，把诸陵邑比作卫星城。不管怎样，这在当时也是一种很特别的区域文化现象，即在一个小的区域范围内，密集地分布着近10座城市，从而使关中地区成为全国城市分布最密集的地区。

其次，每置一座陵邑，都要给陵邑迁徙成千上万户居民。这其中有当朝高官，他们以迁往陵邑奉祀陵园来表示对皇帝的忠心。更为重要的是，西汉设置陵邑的目的在于迁徙关东地区的地方豪强到关中，一方面是为了削弱关东地区地方势力的成长壮大，另一方面又可起到充实关中人口的目的。如此，既可起到抑制地方豪强对土地的兼并，减少对弱小自耕农的欺凌，保护农村经济的稳定发展，对维护整个国家的社会秩序起到积极作用；同时，关中人口的增加与充实，又能起到加强京师防卫的积极作用。于是，关中以长安城为中心的地区，就成了全国人口最稠密的地区，根据葛剑雄的统计，长安城及几个陵邑面积不过1000平方千米，总人口100多万，平均每平方千米达千人，人口密度为全国之冠。同时，随着关东富豪人家的迁入，其家资财富也随之迁入，关中又成为财富集聚之区。故司马迁在《史记·货殖列传》中说："关中之地，于天下三分之一，而人众不过十三，然量其富，十居其六。"如此集中的财富，除关中平原物产丰饶之外，关东富豪带入的家庭资产也是关中财富积累的重要来源。

再次，对关中社会风俗与习惯的影响。关中居民自古崇尚农耕，风俗淳朴，安土而重迁，所谓"其民有先王遗风，好稼穑，务本业"。由于全国各地大量人口的迁入，势必影响到关中风气的改变，班固在《汉书·地理志》中说："汉兴，立都长安，徙齐诸田，楚昭、屈、景及诸功臣家于长陵。后世世徙吏二千石、高訾富人及豪杰兼并之家于诸陵。盖亦以强干弱枝，非独为奉山园也。是故五方杂厝，风俗不纯。其世家则好礼文，富人则商贾为利，豪杰则游侠通奸。濒南山，近夏阳，多阻险轻薄，易为盗贼，常为天下剧。又郡国辐辏，浮食者多，民去本就末，列侯贵人车服僭上，众庶仿效，羞不相及，嫁娶尤崇侈靡，送死过度。"可以看出，随着关中人口成分的变化，社会风尚与习俗也发生了很大变化。有讲究礼仪的，有追逐末利的，有敢于作奸犯科的，有逃匿为盗的，有不事生产的游民，等等。而老百姓去农经商的越来越多，富贵人家车马衣装明显不合自己的身份，婚丧嫁娶更是铺张浪费。这里主要说了两个问题：一是由移民而形成的各色人等，不一而足；二是人们不安分本业，为人做事炫耀而张扬，呈现出民风不古的倾向。实际上这正是市民与商业社会的特点，反映了人们的生存手段更多样、职业更泛化。

更重要的是，西汉陵邑的兴置和长安城都市圈的形成，主要是由人为因素促成的，缺乏城市自然形成与发展的客观物质条件，也就是人们生产生活的基本条件。故离开了国家政权的强有力支持，这样的城市就会难以为继。东汉迁都洛阳后关中城市圈的迅速衰落，正说明了这个问题。

结　语

　　长安这个名字，无论是在历史上还是在当下，都影响太大了。在历史上，它是一座与西方标杆城市罗马相媲美的东方城市，正所谓"西有罗马，东有长安"。长安是东方文明的中心，罗马则是西方文明的中心。在长安和罗马之间有一条路，叫丝绸之路，把罗马与长安连接了起来，成为历史上东西方文明交往的通道，为东西方之间的政治、经济和文化交流做出了巨大贡献。而在当下，这条古老的丝绸之路又迎来了新的复兴机遇，"一带一路"的中国倡议，已在世界范围内产生了巨大反响与共鸣，故长安与罗马又成为人们热议的话题。

　　长安在中国及世界历史上之所以重要，还在于它作为古代中国的首善之区——国都的时间最长，就是作为东方文明中心的时间也最长。故历史上的长安为后人留下了一份极其珍贵的文化遗产，其中有很多说不尽的历史故事，或者说是长安故事。如以关东将相为主体的刘邦统治集团，为何选择在关中建都？为何汉的都城叫长安，长安与秦都咸阳的关系是什么？汉长安城的建设有什么特点，体现的城市规划理念是什么，对后世都城建设产生了哪些影响？在作为西汉都城的几百年间，这里发生了哪些具有重大影响的历史事件，甚至是具有重大国际影响的事件？等等。这些不但是学术界关心、思考和研究的问题，也是中国几千年文明史需要让广大人民群众了解和认识的问题。一个国家有着辉煌的历史，是这个国家值得自豪的资本，是珍贵的历史遗产，我国的汉唐盛世即是，汉唐时代的长安城亦是。故《史说长安·两汉卷》是长安历史不可或缺的重要部分。西汉建都长安，从而给我们留下了一个规模庞大的汉长安城遗址。当我们面对高大雄伟的未央宫前殿台基，不由得肃然起敬。2014年，汉未央宫遗址已列入世界文化遗产名录，成为整个人类的共同物质财富。在中国乃至世界历史上，丝绸之路的开辟是一件影响深远的大事。而丝绸之路的开创者张骞，正是受命于长安，并从长安城出发，开启了两次出使西域的征程。张骞及其使团的足迹涉及西域广大地区，也就是今天的中亚、西亚许多国家和地区，是联系当时的中国与世界的伟大尝试。从此，东西方的使者、商人等陆续走上这条道路，从而极大地推动了东西方之间的经济文化交流。而这种交流又使东西方在相互吸收、相互借鉴的基础上，进一步取得新的文明发展成就。故张骞的功劳是不可磨灭的，他的事迹也成为影响世界的大作为。太史公马迁在《史记》中称张骞的西域之行为"凿空"，即是打通东西方交通的第一人，确非过誉。而丝绸之路的开通，带来的则是世界性的改变与社会发展进程的加快。如此的历史成就与贡献，让人睹之不免心生敬佩之意。这无疑是中国人的历史自豪感和自信心产生的源泉，因此是应该大书特书的。当然，历史的发展从来都不会是一帆风顺的，既会有成功的经验，也会有失败或挫折的教训，后人需要分析甄别、吸收借鉴，如此才能发挥历史的资治作用。大历史如此，两汉历史亦如此。

写完这部书稿，不由得让人产生万千遐想：比如中国的主体民族是汉族，中国人叫汉人，均与汉王朝有关。所谓汉族，实际就是中原民族或华夏民族的指称，在历史时期也曾以王朝名称相继称过殷人、周人、秦人、唐人、宋人等，然最终形成"汉人""汉族"的固定称谓，自然与汉王朝在历史上影响最大最深远有关。虽然汉人的称谓曾在历史进程中遇到过挑战，如盛唐的出现，也曾使唐人之称名噪一时，但最终还是让位给了汉人的称谓。可见汉人的称谓早已深入人心，成为一种难以撼动的国家和社会共识。这一历史性贡献岂可小觑？再是今天的学界也曾有人提出一种假说，说西安十三朝古都的地位并非是由关中优越的地理环境决定的，而是得益于由秦最后完成了国家统一。并提出了若由齐国完成统一的历史假说，以挑战西安的历史地位。其实，这一假说也是经不起推敲的。当年垓下一战，刘邦打败了项羽，建立了汉王朝。在选择都城问题上，几乎没有悬念地首先选择了洛阳，因为当时的咸阳已被项羽毁坏殆尽，而刘邦统治集团的主要成员又都是关东人，他们的倾向性是不言而喻的。就在刘邦已都洛阳约半年时，是娄敬和张良二人改变了这一切。娄敬先给刘邦分析和比较了洛阳与关中的形势优劣，提出了建都关中的建议，张良颇为赞同，刘邦便毅然决然地放弃了洛阳，西驾关中，把都城定在了长安。这又说明了什么？这次不是把选择权交给关东人了吗，为什么汉都仍然落在了关中之长安？这一现象无疑说明了当时的关中就是最适合建都的地方。而建议刘邦放弃洛阳、迁都关中的娄敬和张良二人也均是关东人，他们没有地域偏见，而以国家大计为考虑，反映了他们不同于常人的卓识与远见。

西汉建都长安，便给了长安成为一代名都的机会，西汉也有了在此成就历史辉煌的机会。如前文所述，汉长安城最能体现《周礼·考工记》所说的都城营建思想：前朝后市，左祖右社，四垣各开三门，城中九经九纬即纵向9条道路、横向9条道路，等等。这样的制度安排对后世影响很大，元明清修建的北京城也能看到长安城的影子。汉长安城在设计上还有一种模拟天象以似星斗，从而称为"斗城"的说法。尽管存在不同意见，即考古界所认为的斗形主要是由一些环境因素所决定，然颇似星斗的城垣形状是一种客观存在，也就成了斗城之说的重要依据。这一说法的产生，实际上也有西汉时期盛行的天人感应理论的支持。因此，斗城之说也并非空穴来风。

西汉建都长安，也使长安城的建筑水平得到巨大发展。未央宫的建造者说该宫室之所以修建得雄伟壮观，是由于非壮丽不能显示其威严，而且也让后世不能超过它。武帝时所修的建章宫，宫殿楼阁数以千万计，所谓"千门万户"。未央宫、建章宫的建筑高大雄伟、形式复杂且富丽堂皇，虽是官僚集团过度追求奢靡豪华的产物，但也承载着当时建筑艺术所能达到的最高水平。目前汉长安城未央宫遗址已被列入世界文化遗产名录，它将以文物的形式向世人展示汉长安城先进的设计理念以及高超的建筑艺术水平。

西汉建都长安，政权得以巩固与持久，社会得以长治久安，社会经济得以快速发展，综合国力得到了极大加强，进而成为当时世界上最繁荣昌盛的国家，也从而成为一个多有建树的王朝。它凭借强大的国力基础，武装骑兵，训练水军，建立起了一支强大的军事力量，遂有能力完成北逐匈奴、南服南越、西通西域的伟大历史使命。这些都是不世之功，彻底打败匈奴，有效地解除了北方边患问题，捍卫了汉朝政府的尊严；平南越，是事关国家统一的大事；开拓西域，管控西域，打通和维护了东西交往的通道，促进了东西方的经济文化交流，推动了人类文明的发展进程。凡此种种，都是彪炳史册的丰功伟绩。这是中华民族历史上的光辉一页，也是民族自豪、自信的精神力量和源泉，对每一个中国人来说，都是珍贵而重要的。

西汉中央集权政权的建立，使秦代开启的以郡县制为时代特点的国家管理模式得到进一步巩固与发展，从而成为此后中国历史发展的方向。这一点，无论是福是祸，均由西汉一代所奠定的政治、经济制度和社会基础决定了。而在学术思想上，"罢黜百家、独尊儒术"的文化措施限制了学术思想的自由发展，使学术进而沦为服务于统治者政治需要的工具。从此以后，中国再无学术百家，中国的知识分子整体沦为功名利禄的追逐者。所谓"天下英雄入吾彀中矣"，孰利孰弊，岂能一言尽之。

　　由于写稿时间紧张，王向辉老师提供了不少帮助，谨记于此以致谢。

　　　　　　　　　　　　　　　吕卓民